JN237206

試験に受かる速読勉強法

1日15分

クリエイト速読スクール代表
松田真澄・編著
Matsuda Masumi

Basic Training for Readers method

日本実業出版社

はじめに

　BTRメソッドで、地道に速読トレーニングを積み重ねると、仕事や学習への取り組み方に変化が表われ、情報処理能力が格段にアップすることがわかっています。それは、ジムでマシントレーニングなどに励むと、筋力や脚力や心肺機能が高まり、体力が向上して快適な日常生活が送れることと似ています。

　1984年の開校以来、大勢の優秀な生徒さんが小さな教室から「卒業」していきました。生徒さんはそれぞれ、BTRメソッドを有効活用しながら難関志望校の入試や各種資格試験を突破していきました。とくに司法試験においては、17年連続で計37名の最終合格者を輩出するなど、その成果が顕著です（連続記録は現在も継続中）。

　そのようなBTRメソッドの実績に注目してくださったのが、日本実業出版社の編集部でした。「このトレーニングに力を注げば学習効率もアップすることを、生徒さん自身にスポットを当てることで読者に紹介したい」とのことでした。

　2008年の秋、新旧の生徒さん7人にインタビューをお受けいただき、インタビュアには以前の生徒さんで現在も交流のある瀧本哲史さんにお願いしました。そうして完成したのが本書の内容です。いわば、この本は生徒さんたちにつくっていただいたものです。語られていることは、すべてが実践的で、役立つ生の声のオンパレードになっています。

　本書を手にとってくださった皆様には、このあとに登場する7人の方たちの声や、瀧本さんにご執筆いただいた記事をお読みいただき、ぜひご自身の学習効率アップにお役立ていただきたいと存じます。

2010年1月　　　　　　　　　クリエイト速読スクール 代表 松田真澄

※本書は、2008年10月発売のエスカルゴムックNo.247「キャリアが高まる 1日15分 速読勉強法」（弊社刊）を単行本化したものです。本文の内容は一部を更新し、速読トレーニング問題は基本メニューを除き全面刷新しています。

試験に受かる**1日15分速読勉強法** Contents

Part 1
速読勉強法で
速度3倍! 効率10倍!

SECTION 1
Special Interview
私たちは速読をこうして勉強に活かした!
難関資格、入試、外国語、MBA、仕事…
試験を突破する超効率勉強法

本好きが高じて始めた
速読トレーニングで集中力がアップ ……… 008
大手建設会社／一級建築士◎小山奈々さん

10か国語を習得! 専門外の金融業界への
挑戦を支えた速読勉強法 ……… 013
㈱日興アセットマネジメント◎柴本翔さん

BTRメソッドでつかんだ
読み方と勉強法で司法試験を突破! ……… 018
自民党衆議院議員／弁護士◎柴山昌彦さん

資格試験の成功者が言い切る
速読トレーニングの価値 ……… 023
MBA留学中◎鈴木葉月さん

仕事効率が大幅アップ!
情報処理能力を鍛えてこそ本当の意味で「速読」となる ……… 028
大手企業◎山岡隆志さん

ナレッジワーカーの生産性向上に
最適なトレーニング ……… 033
大手企業◎大野浩史さん

本が身近になれば学びの"連鎖"が生まれる。
速読は能力開発の基礎 ……… 038
西荻ペインクリニック院長◎河手真理子さん

SECTION 2
集中力、記憶力、想像力、発想力、
論理力、時間管理能力、情報処理能力がアップ！
BTRメソッドで7つの能力をフル装備

- BTRメソッドとその効果 ……………………………………… **044**
- BTRメソッドが、なぜ試験勉強などに効くのか？ ………… **048**
- BTRメソッドのトレーニング理論 …………………………… **057**

Part 2
LET'S EXERCISE!
速読レッスンスタート！

PROLOGUE
トレーニングを始める前にすること
まずは初期読書速度を測定してみよう ……………………… **065**

15分間体験メニュー 2分　リラックス状態を作る
カウント呼吸法 ……………………………………………… **070**

EXERCISE 1　EYE Training
目を鍛えるトレーニング
認知視野を広げる

15分間体験メニュー 計2分　上下の視野を広げる
たてサッケイドシート ……………………………………… **074**

左右の視野を広げる
よこサッケイドシート ……………………………………… **079**

わかる範囲を広げる
ヘルマンシート ……………………………………………… **083**

15分間体験メニュー 1分×2回　広い範囲の文字を読み取る
数字ランダムシート ………………………………………… **086**

ダイナミックに読み取る
ブロックパターンシート …………………………………… **094**

15分間体験メニュー 1分×2回　本を見る感覚をつかむ
漢数字一行パターンシート ………………………………… **102**

本を読み進めるコツをつかむ
よこ一行ユニットブック …………………………………… **106**

試験に受かる1日15分**速読勉強法**Contents

EXERCISE 2　BRAIN Training
脳を磨くトレーニング
読書内容に集中する

15分間体験メニュー 1分	広く見ると同時に手を使う **スピードチェック**	116
15分間体験メニュー 3分	イメージ処理のスピードを上げる **スピードボード**	132
15分間体験メニュー 3分	論理的に考える力をつける **ロジカルテスト**	143
	言葉（単語）をイメージする **イメージ記憶**	156
	Extra Training **ロジカルテスト Bタイプ**	154
	Extra Training **イメージ読み**	180

EXERCISE 3　EYE & BRAIN Training
倍速読書トレーニング
目と脳のコラボレーション

本を速く・多く読む感覚をつかむ
倍速読書トレーニング ……………… 184

倍速読書トレーニング用紙 ……………… 188
BTRメソッド速読トレーニング記録カード ……………… 189

編集協力●瀧本哲史・森下和海（インパルス）
撮影●臼田尚史
カバー・デザイン●志岐デザイン事務所・ヤマダマコト
本文DTP●志岐デザイン事務所・沖田匡宏

PART 1
速読勉強法で速度3倍！効率10倍！

SECTION 1

Special Interview

私たちは速読を
こうして勉強に活かした!

難関資格、入試、
外国語、MBA、仕事…

試験を突破する超効率勉強法

BTRメソッドを習得し、
速読を活かした勉強をしていくことで
試験を突破し確実にキャリアをアップできます。
ここでは、速読勉強法を実践しながら、
さまざまなジャンルで活躍している
7人のモデルケースを紹介しましょう。

インタビュア◎瀧本哲史

＊インタビュー記事の内容は、基本的に2008年12月現在のものです。
一部情報は更新されています。

PART 1　SECTION 1

Special Interview
本好きが高じて始めた
速読トレーニングで
集中力がアップ

小山奈々さん
大手建設会社◎一級建築士

Profile こやま・なな
広島県生まれ。高校のときに建築を志すが、大学では教育学を専攻。途中、休学し、2000年広島工業大学専門学校へ入学。卒業後、ハウスメーカー、設計事務所等を経て、07年一級建築士の資格を取得。08年より派遣社員として、大手建設会社技術部で配筋チェックシステムのサポート業務に携わる。趣味は、映画鑑賞、日本画、読書。

速読の魅力は、何といっても本を速く読めるようになることだ。
「もっと本をたくさん読めたら、人生が豊かになるのに」と、
速読のトレーニングを始める人は多い。
しかし、始めてみると速く読めること以外に、
思わぬ効果を実感するケースもある。
一級建築士の資格を持つ小山奈々さんは、それを感じた1人だ。

ゲーム感覚で楽しんでいたら
速く読めるようになっていた

──小山さんが速読のトレーニングをしようと思ったきっかけを教えてください。

小山　小さい頃から本が大好きで、どちらかといえば読書は苦にならないほうでした。

速読に興味を持ったのも、もっとたくさん本を読みたかったから。「あれも読みたい」「これも読みたい」。でも、時間は限られていますよね。とくに社会人になってからは、読みたい本が溜まっていくばかり。

そんな折、転職の合間に時間ができたんです。この機会に、速読もトレーニングしてみようと思いました。

——トレーニングをしてみて、効果はいかがでしたか？
小山 5倍くらい速く読めるようになりました。読書量も月に1、2冊から10冊くらいまで増えています。

でも最初は、「こんなことをしていて、速く読めるようになるのかなぁ」って思いました。ゲームを楽しんでいるような感覚しかなかったので（笑）。

——どのトレーニングが一番楽しかったですか？
小山 目を動かして認知視野を拡大する「サッケイドシート」のトレーニングです。本当に視野が広がるんですよ。トレーニングのあとに読書をすると、本をはみ出して、その周囲まで目に飛び込んでくるくらい。本当にびっくりしました。

それ以外のトレーニングも楽しかったです。「ロジカルテスト」とか、「イメージ読み」とか。両方とも絵をイメージすると、うまくできました。ロジカルテストでは「AはBより遠い。BはCより近い。一番遠いのは？」という問題に対して、「A君、B君、C君がいて、誰が一番遠くに住んでいるか」というふうに擬人化してみる。小説のイメージ読みでは、映画を見ているように、登場人物を想像する。できるとおもしろいので、どんどんハマっていって、気づけば速く読めていたという感じでした。

集中力がアップし
一級建築士の試験に合格

——ところで小山さんは、速読のトレーニングを始めたのと並行して、一級建築士の資格試験にもチャレンジされています。速読のトレーニングは

PART 1　SECTION 1

試験勉強にも役立ちましたか？

小山　はい、役立ちました。集中力が、以前とはまったく変わったんです。これには驚きました。

　以前は、「よし、この30分のスキマ時間を使って勉強しよう」と思っても、最初の10分くらいは助走時間みたいにダラダラしてしまって。集中できるのは実質20分くらい。それが、速読のトレーニングをしてからは、30分間をみっちり使えるようになりました。

――速読のトレーニングが、なぜ、集中力アップに結びつくのだと思われますか？

小山　難しい文章を読むことに対する抵抗感がなくなったからだと思います。

　一級建築士の学科試験は、「計画」「法規」「構造」「施工」の４科目があり、それぞれ幅広い分野から出題されます。そのため、試験勉強では専門的な文章をたくさん読まなくてはなりません。

　以前は専門的な文章が続くと、難しくてよくわからないので、イヤになって、集中も途切れがちでした。でも、速読のトレーニングをしてから、難しくてよくわからなくても、「とりあえず読もう」って思えるようになりました。だから、集中が途切れることなく、勉強に没頭できるようになったんだと思います。

――集中できることでどんな効果がありましたか？

小山　ともかく速く全体を読むことができるので、あとから「あれは、こういうことだったんだ」と理解できたりします。広い試験範囲をまんべんなく勉強できたことが、合格につながったんだと思います。

――たしかに、体系だったカリキュラムを学ぶときは、まずは全体を読み切ることが大事で、その壁が越えられたのですね。

「だまされたと思って
やってみるといい」

——速読トレーニングは、普段の仕事でも役に立っていますか？

小山 一級建築士に合格できましたし、今後プロとして仕事の幅を広げていくための勉強を続けていくためにも役立つと思います。

　そもそも、本が速く読めたり、集中力がつくということは、仕事をするうえで絶対にムダにはなりませんよね。「自分は、いまいち集中力に欠ける」と悩んでいる方がいるとしたら、おすすめします。ともかく、集中力がつくから、だまされたと思ってやってみてください（笑）。私も最初はそんな感じでしたから。

1日のスケジュール

読書好きの小山さん。通勤時間は大切な読書の時間で、小説や実用書など、ジャンルは問わず興味の赴くままに月10冊ほど読破する。

6:00	起床 朝食	
7:30	出勤	電車で読書を楽しむ
8:30	出社	1日のスケジュールを確認。メールチェックと返信
9:45	デスクワーク	CADで図面作成
12:00	昼食	会社の同僚と社員食堂にて
13:00	デスクワーク	CADで図面作成
19:00	退社	電車で読書を楽しむ
20:00	夕食	健康に配慮し、自炊を心がける
21:00	読書	夕食を終え、ゆっくり読書
23:00	入浴	
23:30	就寝	寝る前には全身のストレッチとマッサージでリラックス。翌日に備え、24時前の就寝を心がけている

PART 1 SECTION 1

> **EPISODE**
>
> 　小山さんの得意なトレーニングは、「数字ランダムシート（P 86）」「漢数字一行パターンシート（P 102）」「イメージ記憶（P 156）」「イメージ読み（P 180）」。とくにイメージ読みは、1,400字のショートショートを20秒で読んで、67個の文節を書き出しています。30秒では、105個という記録もあります。初めて挑戦する大人なら、2分で読み終え、20個書き出せたら上出来というトレーニングです（教室では小説を使用）。
>
> 　小山さんは、「建築士と哲学、英語の勉強を同時進行するのは無茶かなと思っていましたが、トレーニングをするうちに、勉強で使う脳内の場所はそれぞれ違うと感じるようになり、格段に作業スピードが上がりました」と、アンケートに書いてくれました。教室で週1回強のトレーニングをするうちに、勉強のための集中力が著しく向上したとのことです。

Special Interview

10か国語を習得!
専門外の金融業界への挑戦を支えた速読勉強法

柴本 翔 さん
(株)日興アセットマネジメント◎商品企画部

Profile しばもと・しょう
1982年東京都生まれ。父親の転勤で小学3～6年生を香港で過ごす。高校1年生でメルボルン・セントマイケル校へ留学。現地で出会った東南アジアからの華僑留学生が数か国語を操るのを目の当たりにし、語学学習に目覚める。01年、慶應義塾大学総合政策学部に進学。3年次に3か月間広東省の中山大学へ、1年間シンガポール国立大学(NUS)に留学。慶大卒業後、NUS修士課程へ奨学生として進学。07年修了。同年、日興アセットマネジメントに入社。(社)日本証券アナリスト協会検定会員。

グローバル時代のビジネス競争を生き抜くには、語学力は必須——。
しかし、現実には英語すらままならないビジネスパーソンも多いだろう。
日興アセットマネジメントでファンドの組成業務に携わる
柴本翔さんは、バイリンガルならぬマルチリンガルだ。
TOEIC® 950点、英検1級、HSK(中国語能力認定国家試験)9級ほか、
操る言語は10か国語にも及ぶ。
その語学習得には、速読勉強法が役立っていると語る。

スキマ時間を利用して
語学を習得

——まず、柴本さんが習得されている言語について教えてください。

柴本 日本語、英語、北京語、インドネシア語、広東語。これらはビジネ

スレベルです。あと、日常会話程度に使えるのがマレー語、タイ語、ベトナム語、台湾語、韓国語で、計10か国語になります。

——それだけの言語を！　何か特別な勉強方法はあるのでしょうか。
柴本　特別なことはしていないんです。各言語の発音を徹底的に覚えてから、単語やイディオムの暗記の繰り返しです。

　私は机に向かって勉強するのが好きではなく、いつも"ながら勉強"です。電子辞書やテキストのページを切り取って持ち歩き、時間があるときに眺めて暗記します。食事中、入浴中、歩きながら、ジョギング、ジムで筋トレをしながらとか（笑）。どうしても暗記できなかった単語は、時間があるときに単語帳に書き写し、日々持ち歩いています。

　また、アジアの歌手が大好きなので、よくi-Podでアジアの音楽を聴いていました。歌で覚えると意外と記憶に残るんですよ。

——では、スキマ時間をフル活用して、10か国語を習得したのですか？
柴本　英語と北京語、広東語は留学経験があり、その他の言語も大学や語学学校で先生について勉強しました。とくに入門段階では発音が重要ですから。ただ、語学学習時間のほとんどがスキマ時間の積み重ねです。

　私は語学上達のコツは単語力にあると考えています。単語力をつけるのは暗記に限るのですが、ただひたすら覚えるのは苦痛で継続も難しい。暗記ならどこでもできるので、机に向かう時間がもったいない。まとまった時間が取れたときには、友人と会ったり読書をしたり、楽しいことに使いたいですから。そこで至った結論が"ながら勉強"でした。

外国語の暗記に役立った「イメージ記憶」

——語学学習の達人、柴本さんには、どのトレーニングが役立ちましたか？
柴本　「イメージ記憶」は単語の暗記に役立ちますね。もともと単語は頭のなかで繰り返しイメージしたりして暗記していましたが、無意識でやっ

ていたことがＢＴＲメソッドではシステム化されていたので、集中的にトレーニングできたんですね。

――「イメージ記憶」は、脈絡がなく並べられた２つの単語の組み合わせを、ひとまとまりの絵としてイメージし、暗記する方法です。日本語なら単語の意味がわかるのでイメージできますが、外国語の単語を覚える場合にはどのようにするのですか？ 「意味」はイメージできても、「読み」は難しいですよね？

柴本 たしかに、外国語の「読み」を絵でイメージすることは難しいです。それでも、なるべく強く印象に残るようなイメージを作り出して覚えました。たとえば、インドネシア語で時計は「ジャム」ですが、頭のなかでは時計にジャムを塗りつけているイメージを作り出したり。

勉強を続けて単語数が増えてくると、イメージできる映像が増えてきて、新しい単語に出会ったときも覚えやすくなります。たとえばタイ語で「クワーイ」は水牛という意味ですが、中国語、広東語、台湾語の「グワーイ」は、聞き分けがよいという意味です。だから、私の頭のなかでは聞き分けのよい水牛が登場します。

別に外国語で単語が浮かばなくても、日本語で無理やりこじつけるのでもいいわけですよね。

重要箇所を判断する
情報処理能力が向上

――ところで、柴本さんはなぜ、速読の勉強を始めたのですか？

柴本 大学３年生のときに、シンガポール国立大学に交換留学したのがきっかけです。授業の前に何十ページという文献を読まなければならなかったのですが、もともと読書が苦手なうえ、難しい英語なのでものすごく苦労しました。せっかくの留学も、ほとんど文献との格闘で終わってしまいました。この経験から、「時間を有効に使うため、速く読書ができるようになりたい」と、帰国してすぐに速読を学びました。

PART 1 SECTION 1

——実際に速読を学んでみて、いかがでしたか？

柴本　以前の3倍くらいの速さで本を読めるようになりました。大学卒業後に、改めてシンガポール国立大学の修士課程に進んだのですが、膨大な量の文献を読み、無事に修士論文を仕上げられたのは速読のおかげだと思っています。

——外国語の文献でも、速く読めるようになるものですか？

柴本　はい。言語の習熟度にもよりますが、そのへんは日本語を読むのと変わりません。おもしろいのは速く読めるようになったことでなく、瞬間的にじっくり読むべき重要な箇所と、流し読みでいい箇所がわかるようになったことです。メリハリのついた読書ができるようになりました。

　これはたぶん、速読のトレーニングによって、瞬間的に頭へ入ってくる情報量が増えたからだと思います。サッと読んだ瞬間に100％は理解していないのですが、50％くらいの内容を理解できる。それくらい理解できれば、重要なことが書かれているか、否かは、判断がつくということだと思います。

——なるほど。その力は、現在の仕事であるファンドの組成業務にも役立ちそうですね。目論見書や約款など、膨大な量の契約書を読まなくてはならないですよね？

柴本　はい、まさにその通りです。契約書はすべて目を通す必要がありますが、商品が違っても共通する箇所は多いものです。そんなとき、どこが商品独自の部分か的確に把握できるので、効率的に処理できます。

　私は学生時代に国際政治を学んでいたので、金融は専門外でした。金融のプロを相手に仕事をするには、彼らの何倍も勉強が必要です。まだ学ぶことばかりの毎日ですが、身につけた速読の能力は大きな助けとなっています。

1日のスケジュール

国際政治を学んでいた柴本さんにとって、金融は専門外の分野。日々、勉強しながら業務にあたっている。現在、米国証券アナリストの資格取得を目指して勉強中。

6:45	起床 朝食	
7:30	出勤	本や資格試験の問題集を読みながら出勤
8:45	出社	メールのチェックと整理。 国内外から100通に及ぶメールが届くことも
10:00	デスクワーク	社内外からの問い合わせに対応
11:30	昼食	
12:30	デスクワーク	新しいファンドの契約書作成、既存ファンドのメンテナンス
15:00	ミーティング	
17:00	デスクワーク	プレゼン資料の作成、海外との連絡
20:00	退社	会社の近所のジムへ
22:00	帰宅	
23:00	夕食 入浴	入浴中は単語を暗記する。 寝る前には読書を楽しむ
24:30	就寝	

EPISODE

柴本さんの体験レッスン時の「イメージ記憶（P156）」は、22/40（2分）39/40（2分）という高いスコアでした。ふつうは、この半分。本を読むことから遠ざかっている30代以上の社会人なら、3分の1ぐらいがいいところです。逆に、勉強に精魂傾ける大学生や外国語の勉強をしている大人は、イメージ記憶がとてもよくできます。

また、「漢数字一行パターンシート（P102）」で、探すのがほどほどに難しい「三」が1,700、「一」が1,500、「スピードチェック（P116）」ではラストの40まで48秒で終了してしまうなど、オールラウンドで優れた能力を持っています。

PART 1　SECTION 1

Special Interview
BTRメソッドでつかんだ読み方と勉強法で司法試験を突破!

柴山昌彦 さん
自民党衆議院議員／弁護士

Profile しばやま・まさひこ
1965年愛知県生まれ。90年に東京大学法学部第I類卒業。住友不動産へ入社。司法試験に集中するため、91年に同社を退職。96年に速読のトレーニングを始め、98年に司法試験合格。2000年に虎門中央法律事務所に入所。04年、自民党初の全国公募による補欠選挙で立候補し初当選。自民党副幹事長（2010年1月現在）。

※1999年から行なわれている司法制度改革の一環で、試験制度が改正された。改正前の試験制度は「旧司法試験」と呼ばれ2011年に廃止。それまでは「新司法試験」と併用されている。

数多ある資格試験のなかで、最難関といわれる司法試験。
合格率は1％台（旧司法試験※）という狭き門だ。
自民党衆議院議員で弁護士の柴山昌彦さんは、
「7年間の浪人生活の末、司法試験に合格できたのは
BTRメソッドで勉強のコツがつかめたから」と語る。
資格取得でキャリアアップを目指す、
ビジネスパーソン必読の勉強法を紹介する。

藁(わら)にもすがる思いで始めた速読のトレーニング

──司法試験浪人時代に、速読のトレーニングを始められていますね。なぜ、速読に目を向けられたのでしょうか？

柴山　1995年、96年と、2年連続で短答式試験に落ちたのがきっかけで

した。それ以前は短答式試験にはパスしたものの、論文式試験で落ちてしまって。このときは失敗した科目があって不合格でしたが、総合ではあと一歩で合格ラインで、最終合格が見えてきていました。それが、95年から短答式試験段階でつまずくようになってしまって……。

――何が原因だったのですか？
柴山 95年の短答式試験は、これまでになく作業量が求められる内容でした。設問も多いし文章も長い。実は、この頃から突然傾向が変わって、法律知識がなくても、論理的な流れが一読してしっかり頭に入っていれば、選択肢を削れるような問題に変わりました。

――この頃から、法曹に求める能力、司法試験の傾向がガラリと変わり、いまの新司法試験への流れにつながっていくんですよね。
柴山 はい、そうです。問われるのは知識より情報処理のスピードになったわけです。

精読・速読・演習
3プロセスの必勝勉強法

――トレーニングをされて、いかがでしたか？
柴山 当初は速く読めるようになることを目指していましたが、それよりも、読み方の質が重要だと思うようになりました。
　BTRメソッドでは速さはもちろんですが、読み方の質を上げるトレーニングをしています。たとえば、「イメージ記憶」や「イメージ読み」のトレーニングを通じて、イメージしながら読むことで理解が速く、記憶に残ることを実感できました。そうしないと単に字面だけを追ってしまって、意味がわからないまま通りすぎてしまう。だから、ただ速く読めるだけでは意味がないんです。
　とくに法律の文章は、一語一句にこだわらないと大きな落とし穴が出てくる性質のものなので、スピードは極端に速くはできませんでした。実際、

司法試験に合格した98年も、短答式試験では4問を解き残してしまった（苦笑）。それでも合格できたのは、正解率が高まったからだと思います。

トレーニングを通じて、読み方の「質」を意識するようになったのは、大きな収穫でした。ここに気づいてから、勉強方法自体も変わりました。

——具体的には？

柴山 「精読」「速読」「演習」の3つのプロセスを意識しました。

まず、「精読プロセス」では、記述内容についてできるだけ具体的なイメージを持って読みます。これは記憶の度合いを高めるためです。また、「記述から何が導かれるか」「どんな疑問が生じるか」を考えながら読みます。そして、全体を体系的に整理した内容や、重要事項の論証、忘れやすい部分をカードなどにまとめていきます。

「速読プロセス」は試験直前の復習です。時間がないので、いかに効率的に復習できるかが勝負です。ここでは「倍速読書トレーニング」が役立ちました。

速読でも「精読プロセス」をきちんと踏んでいれば、記憶を呼び起こすには十分です。テキストをすべて読み返す人もいますが、私の場合は精読プロセスのときにまとめたカードを使いました。勉強してきた内容のエッセンスを一元化して記入したものです。これを丸暗記するために使うのではなく、見ながら忘れた部分があればノートやテキストに戻るために使いました。

「演習プロセス」は試験で問題を効率的に処理するためのもので、「速読プ

忙しい合間を縫って、政策に関する膨大な資料に目を通す。政治活動に速読は不可欠。

ロセス」と同時並行で行ないます。過去問をやって実践感覚を養うのはもちろん、「ランダムシート」「パターンシート」「スピードチェック」「ロジカルテスト」なども行ないます。これにより、語群や選択肢から速く目指すキーワードを認知しながら、内容を把握できる力が養われました。

　要するに、情報処理能力そのものを上げるトレーニングをしたということですね。私の場合、とくに「ロジカルテスト」がかなり伸びて、直感的に論理関係がわかるようになりました。これは、論文式試験も含めて試験に直結したし、いまの仕事でも大きな武器になっています。

　と、偉そうに話しましたが、実は速読トレーニングを始めて1年目の97年も試験に失敗しました（苦笑）。

トレーニングで学んだことを
試験勉強で実践する

——何が敗因だったんですか？

柴山　速読のトレーニングそのものに時間をかけすぎたことだと思います。不合格になったときには、一瞬「速読をやってよかったのだろうか？」と自問自答しました。でも、考え方は決して間違っていないと思った。ならば、速読トレーニングで学んだことを勉強の場で活かしてみることに注力しようと切り換えたんです。

　98年の試験直前では「速読プロセス」と「演習プロセス」を自分で納得できるまでやりました。その後、合格することができたのです。

——なるほど。ゴルフでも打ちっぱなしはすごくうまいのに、コースに出るとダメっていう人がいますよね（笑）。身につけた技術を実践で使えないと意味がない。

柴山　まさにその通り（笑）。勉強で使ってみて、そのうえで速読をトレーニングしてみると、新たな発見があります。それをまた日々の勉強にフィードバックする。その繰り返しなんだと思います。

　速読でトレーニングしたことは、いまの仕事でもとても役立っています。

PART 1 SECTION 1

官僚から届く大量のレポートを効率的に読むには、速読の技術が不可欠です。なにせ難解な文章ですから、イメージしながら読まないと、やたらと時間がかかってしまうんですよ（笑）。

1日のスケジュール

国会、勉強会、会合など、多忙な議員のスケジュールには1日として同じものはない。今回は、国会会期中のある1日にフォーカスしてスケジュールを紹介する。

6:00	起床	朝食をとりながら、新聞や資料に目を通す
7:00	出勤	
8:00	部会に出席	自民党で法務部会や財務部会など、日によってさまざまな部会が行なわれる
9:00	委員会に出席	議会で法案を審議する
12:00	ランチョンミーティング	自民党名物のカレーライスを食べながらの部会
13:00	本会議出席	
14:00	勉強会に出席	さまざまな勉強会に所属。1日にいくつも参加する
17:00	青年部会の会合	
19:00	交流会に出席	地元支援者との交流会に参加する
21:00	パーティーに出席	
23:00	帰宅	資料に目を通したり、読書
24:00	就寝	

EPISODE

教室に通う資格試験受験生を見ていると、わかりやすい文章でも精読・熟読する傾向があることに気づきます。柴山さんも、「法律の文章は一語一句にこだわらないと大きな落とし穴にハマる」とインタビューで答えています。しかし落とし穴への恐怖感から、文章をメリハリなく一本調子で読んでしまい、なおかつ記憶にも残らないという悪循環に陥ってしまう方をたくさん見かけます。

柴山さんは、そこから脱却するには「読み方の質」を転換する必要があると気づき、有効なメニューをチョイスしてトレーニングを行ない、最終合格に結びつけていった生徒さんです。

Special Interview

資格試験の
成功者が言い切る
速読トレーニングの価値

鈴木葉月さん
MBA留学中

Profile すずき・はづき
1978年埼玉県生まれ。2001年に慶應義塾大学法学部政治学科卒業後、CSKに入社。04年日本シーベル（現日本オラクル）に入社。情報処理・ビジネス資格試験の取得に継続的に取り組み、05年に中小企業診断士試験（現在は業務休止中）、07年に英検1級に合格。MBA受験時の07年5月より速読のトレーニングを開始する。08年7月より米国MBAプログラム（Duke University, The Fuqua School of Business）に留学中。

オラクルなど一流外資系IT企業を渡り歩き、現在はMBA留学中。
英検1級、中小企業診断士にも合格している。
どこから見ても非の打ち所がないキャリアの鈴木葉月さんだが、
そんな彼だからこそ、「速読トレーニングは価値がある」と断言する。

資格試験合格の
さらに次のステップ

――鈴木さんが速読のトレーニングを始められたときには、中小企業診断士もすでに取得されていて、ＭＢＡの入学試験も最終段階だったそうですね。それでも、速読を学ぼうとした理由は何だったのですか？

鈴木 まず最初に、留学するからには、そのチャンスを最大限に活かそうと考えたからです。ＭＢＡでは、ネイティブのアメリカ人学生も悲鳴をあ

げるほどの大量の課題を読み込んでおかねばなりません。そのうえでクラスで積極的な発言が必要です。

大量の英語教材を限られた時間に読んでおくためには、速読が必要だと考えました。

もう1つの理由は、マネジメントの勉強をするためです。私はもともとSEのバックグランドで、英検1級、中小企業診断士、IT系の各種資格と、20代はひたすら資格等の取得のための勉強をし、スキルを磨いてきました。

その段階をクリアして、次のステージのプロフェッショナルマネージャーになろうとしたら、スキルだけではダメだと思ったんです。総合的な意思決定や、いろいろな立場の人を説得するためには、もっと広い"引き出し"を持たないとダメですよね。

そのためには、これまであまり手が伸びなかった、小説や歴史などにも読書の幅を広げることが必要じゃないかと――。

だから、もっとたくさんの本を読めるようになるために、速く読めるようになったらいいなと思ったんです。

記憶力のアップは思わぬ収穫だった

――トレーニングを始めてみて、どんな効果がありましたか？

鈴木 とにかく楽に読書ができるようになりました。トレーニングを通じて、集中力が向上したのだと思います。

今後、授業が始まると、プレスクールでも1日50〜60ページを読む必要があるのですが、心理的に楽でいられます。

また、分量の多い本でも、それまで読まなかった分野の本でも、自然に手が伸びるようになりました。

――トレーニングのどんなところが役立ちましたか？

鈴木 トレーニングの前半にあたる「ランダムシート」「スピードチェック」といった視野を広げるトレーニングをすると、自然にキーワードが目に入

るようになりました。後半のトレーニングにあたる「イメージ記憶」を鍛えると、短期記憶が飛躍的に伸びました。驚くほど記憶に残るんです。そのうえで、この２つの領域のトレーニングを統合することを意識しながら読書をすると、効率よく内容が理解でき、記憶できるようになりました。

また、トレーニングを通じて、読者が心情表現やエピソードを映像化しやすい「読ませる文章」を書くにはどうしたらよいかという点に意識が向いて、ＭＢＡ受験のエッセイ作成にも役立ちました。

速読は長期的な
キャリア形成にもプラス

——では逆に、やっていて後悔したことなどはありませんでしたか？

鈴木 トレーニング自体は大変効果的でやってよかったと思うので、後悔することはないですね。資格試験の勉強を始める前にやっておけばよかったと、いまでは後悔しているくらいです（笑）。

というのも、ＭＢＡの適性テストと「ロジカルテスト」は同じ種類のテストですから、エッセンスだけをきっちりトレーニングすればもっと速く高得点が取れたと思うからです。

他の試験も同じで、たとえば中小企業診断士試験は試験範囲が広くて勉強することがとても多い試験です。仕事をしながら勉強していたことも

MBAプログラムでは、1コマあたり多いときで50ページ超のリーディングアサインメントが課せられる。クラスはケース（ある会社の状況・問題点が記述された読み物）を理解していることが前提で進められる。しっかり予習をしていないと授業内容が理解できず、評価対象になる発言もできないので毎回懸命。わからない単語は電子辞書で調べる。英和・和英・英英など機能をフル活用。

あって、合格までに3年もかかってしまいました。

いま振り返ると、試験勉強を始める前に、勉強の効率を上げるには、1年ないしは半年前に速読に先行投資しておけばよかったと。そうすれば、結果的にもっと速く目的を達成できたと思います。

──MBA修了後は、どんなキャリアをお考えですか？

鈴木 前職ではメディカル・ヘルスケア産業のクライアントの業務効率を向上させるITシステムを提供していました。世界でも類を見ないスピードで高齢化が進む日本で社会貢献するという観点からも、次のキャリアはメディカル・ヘルスケア分野でコンサルタントになりたいと思っています。または、よいテーマが見つかれば、起業することも考えています。

1日のスケジュール

学生生活といっても日本の大学とは異なり、1日が授業とその準備でほぼ埋まってしまう。スキマ時間で勉強しながらも、同級生との交流には時間を惜しまないところに鈴木さんの人柄がうかがえる。

6:30	起床	
7:30	登校	アパートから学校までは車で10分程度。運転中もラジオで英語の耳慣らし
8:00	授業1コマ目開始	必須科目のアカウンティングを受講
10:15	授業1コマ目終了	午後の授業までの空き時間に、予習やチーム課題のミーティング準備を進める
12:00	昼食	学校の食堂で昼食。手作りの弁当を持参すると同級生から珍しがられ、日本の話で盛り上がる
13:00	授業2コマ目開始	必須科目のマネジメントコミュニケーション。プレゼン実演が多い授業で準備が大変だが、英語を話す絶好の機会
15:45	授業2コマ目終了	放課後もチームレポートのためのミーティングがあることが多い。課題についてチームで議論・検討。学生クラブ主催のイベント・ミーティングに参加することも多い
18:00	帰宅	チームミーティングで分担を割り当てられたレポートの執筆や、授業の予習、中間テスト（小テスト）の勉強をする
1:00	就寝	

メディカル・ヘルスケア分野は技術革新のスピードが速いので、速読で身につけた情報収集能力はこれからも自分の武器になると思っています。そういう意味では、速読は「一生モノ」のスキルだと思います。

EPISODE

鈴木さんは留学前日まで熱心に教室に通い、14か月の間に90分レッスンを107回も受けています。コンスタントに週2回は通っていたことになります。

鈴木さんは、夏休みや正月休みで帰国したときもポツポツと通い、2010年1月に121回目のレッスンを終え、また米国東海岸にあるDukeに戻っていきました。最新の鈴木さんのスコアは、「たてサッケイドシート（P 74）」が51、「数字ランダムシート（P 86）」が62、「漢数字一行パターンシート（P 102）」が「四」で2,800、「スピードチェック（P 116）」が40（56秒）、「ロジカルテストD（P 143）」が28/30（2分53秒）、「イメージ記憶（P 156）」が20/40（45秒）・35/40（30秒）、「倍速読書（P 184）」が7,000字/分となっています。

英語漬けの毎日のはずなのに、スコアはほとんど落ちていないのは勉強でも活かしている証しです。

PART 1　SECTION 1

Special Interview
仕事効率が大幅アップ！
情報処理能力を鍛えてこそ
本当の意味で「速読」となる

山岡隆志さん
大手企業◎新規事業開発室室長

Profile　やまおか・たかし
大阪大学工学部卒業後、大手航空会社入社。同社にてeビジネスの新製品企画および事業化、米国駐在、本社のマーケティング戦略担当を経て、現在は、大手企業の新規事業開発室室長を務める。マサチューセッツ工科大学（MIT）スローン経営大学院修士課程修了。
著書に『顧客の信頼を勝ちとる18の法則―アドボカシー・マーケティング―』（日本経済新聞出版社）など。

ひと口に「速読」といっても、
そのトレーニング方法はメソッドにより大きく異なる。
ここでは、3種類の速読メソッドにチャレンジした
山岡隆志さんに、その違いについて話してもらった。
大手企業に勤務し、執筆活動や講師も務める山岡さんが、
BTRメソッドにたどりついた理由とは？

3度目の正直で
BTRメソッドに挑戦

――速読をトレーニングしようと思ったきっかけは？

山岡　読みたい本が溜まる一方で、効率的な読書方法を確立したいと思っ

たのがきっかけでした。

　といっても実は、速読のトレーニングにチャレンジするのは3回目なんです。速読にはさまざまなメソッドがありますが、残念ながら、2回目までのものは効果が実感できなかったんですよね。

——以前チャレンジしたのは、どういうトレーニング内容だったのですか？
山岡　10倍速、20倍速で読めるという宣伝文句で、スピードばかりを追求するトレーニングでした。

　BTRメソッドのトレーニングには、「認知視野の拡大」「読書内容への集中」「読書トレーニング」と3つの柱がありますよね。そのなかの「認知視野の拡大」のトレーニングだけをやっていた感じです。

　そうすると、たしかに目に飛び込んでくる情報量は増えましたが、内容が頭に入ってこない。読んだことにならないんですよね。

——コンピュータはキーボードやスキャナなどの入力機能が速くなっても、CPUの処理が追いつかないと意味がありませんよね。そんな感じでしょうか？
山岡　まさにそういう感じです。もともと情報処理能力が優れた人なら、認知視野拡大のトレーニングだけで10倍、20倍の速さで読めるようになるのかもしれません。

　でも私は、残念ながらそうはいかなかった（苦笑）。内容が理解できないまま、むりやり10倍速で読まされたという感じでした。

　その点、BTRメソッドでは、"3倍速保証"とうたっている。ずいぶん控えめですよね（笑）。そこが逆に気に入りました。

　私は、アドボカシー・マーケティングの研究をしているのですが、これは「顧客との長期的な信頼関係を築くため、顧客を徹底的に支援する。企業の利益より顧客の利益を優先する」というマーケティング理論です。だから、誇大広告は冷めた目で見てしまうところがあるんです。私の失敗からいえば、10倍速、20倍速は誇大広告と感じてしまったんですよね。

PART 1 SECTION 1

情報処理能力が高まり「始める」ことがスムーズに

――ＢＴＲメソッドの効果はいかがですか？

山岡 本が速く読めるようになったのはもちろんですが、物事を考えるプロセスや仕事の段取りも効率化されたと思います。

――なぜ、そんな効果があったと思いますか？

山岡 「読書内容への集中」を促すトレーニングで、情報処理能力が高まったからだと思います。たとえば、「ロジカルテスト」は、物事を考えるプロセスを効率化することに直結していますよね。

また、情報処理能力が高まって、新しいことを始める"壁"が低くなったことも関係していると思います。以前は、「やるぞ」と、集中力を高めないと壁を越えられなかったのに、いままで経験していない分野でも気楽に越えられるようになりました。

――以前なら、集中してやっと到達できるといったレベルの処理量を、簡単にこなせるようになったということなんでしょうね。

山岡 そういうことだと思います。仕事でも読書でも、始めるまでが一番、負荷がかかりますよね。でも一度、動き出してしまえば、あとは流れるように進んでいく。読書でも、初めの３分の１を読んでしまえば、最後まで読むのは簡単です。

だから、おもしろいもので、同時並行で読む本の冊数がすごく増えたんですよ。以前は同時に読んでもせいぜい３冊くらい。それが、10冊くらい並行して読めるようになりました。

これも、最初の負荷があまりかからないから、気軽にいろんな本を手に取れるようになったためです。以前なら「読もうか、どうしようか」と悩んだりしたのに、いまは悩むこともなく、いつの間にか読んでしまっています（笑）。ＴＰＯや気分に合わせて、いろんな本を楽しんでいます。

速読は英語・財務・ITと並ぶ必須のスキル

——山岡さんの場合は、本業のほかに、アドボカシー・マーケティングの専門家として執筆活動もされています。速読能力は、助けになりそうですね。

山岡　ええ、最近では書く立場になり必要とされる読書量は飛躍的に増え

1日のスケジュール

会社では新規事業開発に携わる山岡さん。常に複数のプロジェクトが同時進行で動いている。読書はスキマ時間を活用。執筆活動や研究は、23時以降に行なう。

8:00	起床	
8:45	出勤	i-Podで音楽やニュース、ポッドキャストなどを聴きながら、新聞や本を読む。速読をしてから、目と耳と同時の処理が可能に
9:30	出社	スケジュール確認、今日のやることリスト作成、目標設定を行なう。メールチェック
10:00	ミーティングA	
11:00	ミーティングB	
12:30	昼食	食事後はメールチェック
13:30	ミーティングC	
15:00	デスクワーク	資料作成やメールチェック
16:00	ミーティングD	
17:00	デスクワーク	
20:00	退社	i-Podを聴きながら読書
20:45	入浴	半身浴をしながら1冊読む
21:45	夕飯	HDDに録画したドラマや情報番組などを見ながら食事
22:45	執筆　読書　勉強　研究活動	
2:00	就寝	

ました。週にトータルで20冊は読んでいます。

　いまから思えば、私が速読能力を身につけようと思ったのは、必然だったと思っています。これからのビジネスパーソンにとっては、語学、財務、ＩＴと並ぶ"基本スキル"なのではないでしょうか。

　一方で、速読さえすれば潜在能力が開花して、いままでと違う自分になれると過剰な期待をされる方がいます。しかし私は、速読は地道に高めていくスキルであって、自分の持つ能力を手助けしてくれるものだと思っています。

> **EPISODE**
>
> 　山岡さんの入会理由はとくに印象に残っています。インタビューにもありますが、このトレーニングを受ける前には２つの短期速読セミナーを受けています。それにしては、山岡さんの体験レッスンでの初速は720字／分と、一般的な読書速度でした。それが、「認知、論理、記憶力」のトレーニングに時間を費やすＢＴＲメソッドが新鮮で、おもしろいほど集中していったと語ってくれました。また、「ＢＴＲメソッドの総合的なトレーニングは、以前の私が悩んでいた部分を補っていると感じた」とも。
>
> 　入会当初、山岡さんは「ビジネス書の多読、執筆、英文読書等が効率的に行なえるように頑張っていきたい」と書かれていましたが、その後著書を出されるなど、プランは順調に進んでいるようです。

Special Interview

ナレッジワーカーの生産性向上に最適なトレーニング

大野浩史さん
大手企業◎人材育成部チーフ・スペシャリスト

Profile おおの・こうじ
1955年兵庫県生まれ。大阪大学経済学部卒業後、大手企業に入社。教育・研究業務、システム開発業務、コンサルティングをほぼ10年ずつ経験し、人材育成部に。妻と子供2人の4人家族だが、現在は東京で単身赴任中。子供も就職し、好きなことをできる環境になったので、仕事以外にも幅を広げて好きなジャンルの読書や、絵画鑑賞、JAZZなどを楽しんでいる。

1日は誰にとっても24時間しかない。限られた時間のなかで成果を上げていくには、生産性向上がカギとなる。何事にもスピードが求められるいま、速読の重要性は増す一方だ。大手企業の人材育成部チーフ・スペシャリストである大野浩史さんは、「生産性向上を目指す若いビジネスパーソンにこそ、速読のトレーニングが必要」と語る。その理由とは?

人材育成のプロが認める
トレーニング方法

――大野さんは50代から速読のトレーニングを始められたそうですね。きっかけは何だったのですか?

大野 私はITソリューションを提供する会社に勤務しているのですが、コンピュータの技術開発は日進月歩です。技術はすぐに陳腐化してしまうので、常に本や雑誌を読んで勉強をしていかなければなりません。

速く読めれば、それだけ生産性がアップするので、速読には以前から興味がありました。

――やってみて、いかがでしたか？
大野 文章が速く読めるようになりました。メールなども前より読むのが速くなって、仕事に役立っています。
　何よりBTRメソッドは、トレーニング方法が非常に優れていると思いましたね。速読に必要な能力が分解されて、1つひとつがパターン化されたトレーニングになっている。さらに、それを繰り返し演習した効果が、測定できるところがいい。

――人材育成のチーフをされているだけに、トレーニングとしてどうかという視点になるのですね。
大野 10年来、教育の仕事もしてきたので、トレーニング方法にも興味があります。
　会社では年間何百という研修プログラムが実施されていますが、そのほとんどが講義中心です。それだと、せっかくいいノウハウを学習しても、実際の仕事で活かすところまではいきにくい。なかには演習中心の研修プログラムもありますが、なかなか効果測定まではいかないんです。
　その点、BTRメソッドは、教わるのではなく演習を繰り返すことで、自分自身で速読技術を習得していくことができます。効果測定もできるので、自分の得手不得手や成長の具合もわかり、モチベーションが高まる。どうしたら速くなるかを自分でフィードバックしながら、学習できるんですね。

ビジネス文書を書くにもイメージ力が大切

――トレーニングのメニューで、得意不得意はありましたか？
大野 得意だったのは、論理的な思考力を鍛える「ロジカルテスト」です。

システムは論理的に整合性を持たせて構築していくものなので、そうした思考はいつもの仕事で慣れています。プログラマーを採用するときにも、同様の試験を実施して適性を判断します。

不得意だったのは「イメージ記憶」です。普段から読んでいる本も、やっている仕事も理屈っぽいことばかりなので、逆に、イメージすることの重要性を実感しました。

——イメージすることの重要性を感じていらっしゃるというのは、どのような点からですか？

大野 イメージしながら読むことで、内容が理解しやすくなったり、記憶に残りやすくなったからです。小説はもちろん、ビジネス文書や技術論文などでも同じことがいえます。

これは逆に、自分が書き手になった場合にも、重要な示唆を与えてくれました。つまり、イメージしやすい文章を書ければ、内容が読み手に伝わりやすく、記憶にも残りやすいということです。トレーニングのときも、イメージしやすい文章と、しにくい文章があって、後者はどうしても読むのに時間がかかってしまった。書き手の問題も大きいのです。

小説家でなくとも、ビジネス文書や技術論文を書くうえでも、イメージ力は大切だと気づいたわけです。私たちの仕事ではしばしば文章力が問題になるので、これは大きな収穫でしたね。

たくさん読むことで
文章力が強化される

——システム開発において文章力が問われるのは、どのような場面ですか？

大野 ソフトウエアは形のあるものではないので、業務を文章化しながら顧客とやりとりします。こちらの意図がうまく伝わらないと、顧客との間に齟齬が生じても気づかず進んでしまう。そうなると、あとで大きな修正が入ったりして、エライ目に遭うんです。

――非常に生産性に影響を与えますね。

大野　そうなんです。たとえば、ビジネスメールを送るとき、わかりにくい文章だと、受け取った側は理解するのに時間がかかる。相手の生産性も落としてしまうので、大問題なんです。

　私は、文章力をつけるには、たくさん読むことが近道だと思っています。英語のヒアリングマラソンが、たくさん聞くから話せるようになるように、「書く」前段階として、たくさん「読む」ことが大切だと思います。さまざまな人の文章をたくさん読んでいるうちに、自分なりの文章スタイルもわかってきます。

――逆説的ですが、「読み方」の改善が、「書き方」の改善に役立つわけですね。

大野　はい。とくにBTRメソッドは、単に速く読むということではなく、読むことの質、つまり、理解力向上のためのトレーニングをするのがメリットだと思います。

コミュニケーション能力の土台をつくるメソッド

――文章の理解力や、わかりやすく書く能力とは、コミュニケーション能力とも言い換えることができますね。

大野　そうです。だから重要なんです。

　文章の理解力がないと、顧客と話していても、言葉の意味やニュアンスを正確につかめない。そうすると、その担当者から上がってきた情報は精度が低く、本人はおろか、のちに作業する者の生産性まで下げてしまいます。

　さらに悩ましいのは、本人が自分はどの程度の文章理解力があるのか、客観的にはわからないところです。だからこそ、自分の力が測定できるBTRメソッドが有効なのだと思います。若いビジネスパーソンには、ぜひ一度チャレンジしてほしいと思いますね。

1日のスケジュール

大野さんはSEだが、現在は管理職として人材育成の調査・企画がメイン業務だ。プライベートではJAZZが趣味で、ボイス・レッスンにも通う。

6:50	起床	
7:00	モーニング・ページ作成	思いつくままに、日記のようなものを3ページ書く。これをやると、1日が充実する
7:30	朝食	
8:10	出勤	移動中、経済新聞に目を通す
9:00	出社	メール、スケジュール確認
9:30	デスクワーク	人材育成の中期戦略立案のための資料チェックやネットにアクセス
11:00	ミーティング	戦略会議に出席
12:00	昼食	
13:00	外出	社内向けコンサルティング養成クラスに、オブザーバとして参加
17:30	退社	
18:30	ボイス・レッスン	
20:00	帰宅 食事 入浴	入浴中は、読書やJAZZの歌詞暗記なども行なう
23:00	就寝	

EPISODE

大野さんは、大手企業の人材育成担当という要職に就いていらっしゃいます。仕事柄なのか順応性が高く、50代という年齢を感じさせないトレーニング成績です。
「このメソッドは、個人の基本的能力を可視化・定量化できるものだ」とも言ってくれました。
BTRメソッドはこれまでにも、大手シンクタンクなどで企業研修に導入されています。勉強慣れしているビジネスパーソンが習得すると、BTRメソッドを応用できる範囲を自分で広げ、速読以外の能力アップに活かせます。

PART 1　SECTION 1

Special Interview

本が身近になれば学びの"連鎖"が生まれる。速読は能力開発の基礎

河手真理子 さん
西荻ペインクリニック◎院長

Profile　かわて・まりこ
群馬大学医学部卒業後、東京大学医学部麻酔科学教室入局。東京大学医学部附属病院、虎の門病院、アメリカ合衆国NIHなどを経て、2005年7月、中央線西荻窪駅前に西荻ペインクリニックを開院。2008年4月、医療法人社団眞知会理事長に就任。医師の夫と子供3人、ラブラドール1匹の5人家族。著書に『ペインクリニックでいろいろな病気を治せます』(保健同人社) など。

子供時代、親や教師からは「本を読みなさい」と口うるさく言われたもの。
しかし大人になったいま、しっかりとした読書習慣が身についているといえる
ビジネスパーソンは、どのくらいいるだろうか。
実際、読書習慣の有無は人生に大きな差をもたらす。
ここでは読書の効果について、速読を家族でトレーニングした
西荻ペインクリニックの河手真理子院長の話を通じて紹介する。

能動的に学ぶ力を養うため
子供にすすめた

――河手院長をはじめ、3人のお子さんが速読のトレーニングをされたそうですが、きっかけは何だったのですか？

河手 長女が中学生のときに通っていた塾のSEG（※エスイージー：独自の数学教育により、関東地区で中高生に支持〈東大合格者07年169名、06年178名〉を得ている塾。1995年から中3～高3生を対象にした「速読による能力訓練」を開講し、5,900人以上が受講している）で、速読の講習案内を見たときに「これだ！」って閃いたんです。

　一番いいなと思ったのは、子供の教育のためです。親や教師が子供に教えられることは、限られています。でも、本から学ぶことができれば、はるかに広い世界を知ることができますよね。

　それに、親から教わることは受身です。でも、本を読む習慣が身につけば、自分が興味を持ったことを能動的に学んでいくことができます。それまで親として、子供に「あれをしなさい」「これをしなさい」と、勉強を押しつけてしまっているという反省もあって、「これはいいな」と思ったわけです。とはいえ、実際に長女がトレーニングするようになったのは、それから4年後のことでした。

——やりたくなるまで待ったわけですね。
河手 今度こそ、押しつけてはいけないと思ったので、本人が興味を持つまで待ちました。パンフレットを見せて「速読っていうのがあるみたいね」とか、「おもしろいみたいよ」とか言って（笑）。

　あるとき娘が「速読講習に行ってみようかな」と言ったのを逃さず、すかさずその日のうちに申し込みました。

　そうしたら、初日から帰ってくるなり、興奮して「おもしろかった」「こんなことをした」「あんなことをした」って話すんです。普段は引っ込み思案の娘の知らない一面を見て、とてもうれしかったのを覚えています。

——河手院長ご自身は、いつトレーニングを始めたのですか。
河手 もともと私自身が興味を持っていたので、すぐに始めたかったのですが、当時はペインクリニック専門医の受験勉強をしていたので時間がありませんでした。

　通い始めたのは、専門医に合格し、ひと段落してからです。長女が始め

たあとに、当時8歳だった次男にもトレーニングを受けさせようと、私も一緒に教室に通うようになりました。それを見た長男も「通いたい」と言い出して、夫を除く家族4人で速読トレーニングを始めたわけです。

読書習慣がなかった
子供が読書好きに

――効果はいかがですか？

河手 私自身は年齢もあってか、読むのが期待していたほど速くなったというわけではないんですよ（苦笑）。

私には、速読というより脳トレ的な効果のほうがあったかもしれません。トレーニングでは目の動かし方やロジカルテストのように普段はやらないことをやるので、使っていない部分の脳細胞が活性化します。たとえば、脳の神経細胞に酸素がいきわたって、汗をかくような感覚があるんです（笑）。

一方で、子供たちには顕著な効果が表われました。次男はもともと読書が好きだったので、それがさらに助長されたという感じですが、長女と長男には親がいくら言っても身につかなかった読書習慣がつきました。

とくに長男はそれまではゲームばかりしていたのに、日本史全集や世界史全集、哲学の本を読んだりして、まるで人が変わったようでしたね（笑）。

医学部や東大法学部に
現役合格。受験にも役立った

――勉強にも効果はありましたか？

河手 ありましたね。大学受験のときも、問題が速く読めるようになったので、余裕を持って試験に臨めたようです。

普段の勉強の仕方も変わり、たとえば長男は、古文も原書から読んでみるなど、学校で教わったことを自分なりに深く学ぶようになりました。本を読むことに抵抗感がなくなったから、興味がわけば自然と本に手が伸びるのだと思います。

──お子さんたちは、どのような進路を選ばれたのですか？

河手 長女は旭川医科大学医学部に進みました。試験では小論文があったので速読のトレーニングは役立ったと思います。文章は本をたくさん読まないと、書けませんから。

長男は東京大学法学部を卒業して、いまは法科大学院に進学しています。次男はまだ高校生なので、これからどこに進学するか思案中です。

インプットがなければ
アウトプットはできない

──法学部では、教科書や判例を大量に読む学習形態なので、速読は役立っているでしょうね。

河手 ええ、役立っているようです。長男は弁護士を志しているのですが、大学３年生のときに外務省が開催している「国際法模擬裁判」で優勝し、日本の代表として世界大会に参加することができました。これは親としても、ちょっと自慢です（笑）。

彼は、その国際大会で世界の学生との英語レベルの違いにショックを受けて、イリノイ大学に留学もしました。

──各国の参加者に刺激を受けたんですね。経済活動が国際化しているので、弁護士で英語ができれば、仕事の幅が広がってよいですね。

河手 そうですね。学びというのは、こういうふうに連鎖的に広がり、深まっていくものなんでしょうね。だから、親として、そのきっかけとなる読書習慣を身につけさせてあげることができたことは、本当によかったと思います。

──読書を無理に押しつけると、子供は本嫌いになってしまう可能性もあります。ＢＴＲメソッドは、ゲーム感覚でトレーニングできるのがいいですよね。

河手 楽しくトレーニングをして、本を読むことに抵抗がなくなればしめた

PART 1　SECTION 1

もの(笑)。あとは自らの知的好奇心が赴くままに、本から知識を吸収できます。

　どんな仕事でも、インプットがないとアウトプットはできません。そういう意味で速読のトレーニングは、すべての能力開発の基礎になると思います。

1日のスケジュール

医師であり、妻、母でもある多忙な河手さん。自宅の近所にクリニックを開業してからは、通勤時間が短くなり、時間が有効に使えるようになったという。

5:30	起床	経済ニュースをチェック
7:00	出勤	
7:10	クリニックに到着	前日の書類の片付け、メール
8:15	スタッフミーティング	
8:45	午前の診療スタート	
13:00	昼食	
13:15	仮眠	椅子に座ったまま、15分だけ昼寝をする。起きたら、午後の診察の準備
13:50	午後の診療スタート	
18:30	診療終了	書類整理
20:00	帰宅	書類整理が途中でも、20:00が来たら切り上げて帰宅
20:10	夕飯	帰宅後すぐに夕食を準備。家族一緒に食事をする
22:00	ジム	夫婦で近所のジムでトレーニングへ。入浴もすませる
23:00	帰宅	ゆっくり読書
24:30	就寝	

EPISODE

　河手さんを見ていると、子育てには親の力が必要だということが伝わってきます。「勉強」するのは、あくまで子供本人ですが、長い人生のなかで「どこで」「どんなことを」学ばせるかを選ぶのは、大人なのかもしれません。

　今年大学受験中だった次男君は、慶應義塾大学医学部に現役合格しました。河手三姉弟を見て思うことは、楽しく学んでいるご両親の背中を幼い頃から見続けているため、「勉強」への抵抗感が薄いんだろうなということです。

SECTION 2

集中力、記憶力、
想像力、発想力、
論理力、時間管理能力、
情報処理能力がアップ！

BTRメソッドで7つの能力をフル装備

BTRメソッドで身につく7つの能力。
これらがインストールできれば、
試験勉強・本番を突破する力がつき、
将来のキャリアアップにもきっと結びつくはずです。

瀧本哲史

Profile　たきもと・てつふみ
東京大学法学部卒業。東京大学大学院法学政治学研究科助手を経て、マッキンゼー＆カンパニーにて、エレクトロニクス業界のコンサルティングに従事。内外の半導体、通信、エレクトロニクスメーカーの新規事業立ち上げ、投資プログラムの策定を行なう。その後、日本交通グループの再建、エンジェルインベスターとしての活動、京都大学産官学連携センター寄附研究部門准教授（起業論）を経て、現在も投資家として活躍中。京都大学客員准教授。クリエイト速読スクール卒業生。

PART 1 SECTION 2

BTRメソッドと
その効果

BTRメソッドの効果は、「速く読める」ようになるだけにとどまらない。
自分でも思いもよらなかった能力が
知らずに発揮できるようになる。

読書にも
トレーニングが必要

　みなさんは普段、本を読むという行為がどのように行なわれているか、意識したことがあるでしょうか？　気がつけば日本語が話せていたように、読むことに対しても、とくに意識をしたことはないという人がほとんどだと思います。

　しかし、読書が得意な人とそうでない人がいること、読書が好きな人とそうでない人がいることを考えれば、何らかの要素が読む能力に差を与えていることがわかります。その要素を分析し、トレーニングをしようというのが、ＢＴＲメソッドの出発点なのです。

　ＢＴＲメソッドとは、Basic Training for Readers methodの略で「読書をする人のための基礎的訓練法」という意味です。「本を読む」という行為に対して、さまざまな角度からアプローチをすることで、より速く、より正確に書かれている内容を理解することを目的としています。

読書が苦手とは
どういうことか？

　読む能力とは何でしょうか。これは読書が苦手な人について考えるとわかりやすいと思います。

　たとえば、文章を読むときに一語一句にこだわり、読むのにやたら時間

読解のプロセス

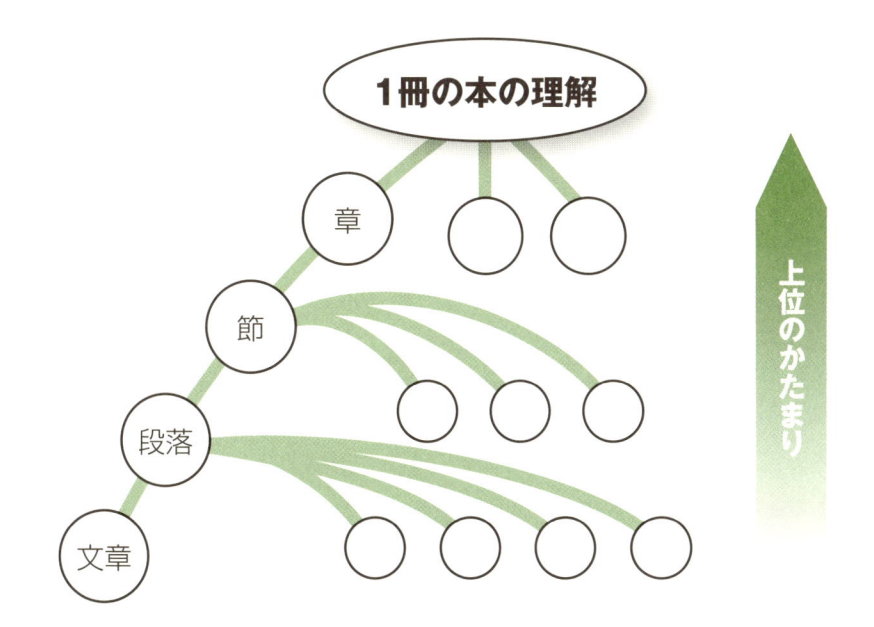

```
          1冊の本の理解
         /    |    \
        章    ○    ○
       /
      節 ―――――――
     /    \    \    \
    段落    ○    ○    ○
   / \  \  \  \
  文章  ○  ○  ○  ○
```

上位のかたまり →

がかかる人。これは、生真面目な性格というだけでなく認知視野が狭いことも影響しています。

　認知視野が狭いと、脳のなかに一度に入る情報量が少なくなるため、どうしても本を読むのが遅くなります。そうなると、書かれていることの全体像がつかみにくくなります。本は、いくつかの「文章」が固まり「段落」となり、「段落」がまとまり「節」をなし、「節」を束ねた「章」で１冊が構成されています（上図「読解のプロセス」参照）。この構成をいかに効率的に把握するかが、スムーズな読書を行なうカギとなります。

　また、読んでいる最中に集中力が途切れ、気づけば字面を追っているだけの人もいるかもしれません。これは、書かれていることがイメージとして浮かばない、あるいは書かれていることを論理的に構成できない、といったことが原因になっています。

　このような要素が、スムーズな読書を阻むのです。やっかいなのは、読

むことに必要な要素が何か１つ欠けるだけで、苦手意識を抱き、読書から遠ざかってしまう危険性があること。そうなると、日常的に読書トレーニングが行なわれないから、さらに読む能力が弱くなるという「遅読のスパイラル」に陥ってしまいます。この悪循環を断ち切る処方箋が、ＢＴＲメソッドなのです。

BTRメソッドが7つの能力を鍛える

　読書をすることは、仕事をするときに求められる能力を鍛えることにも密接につながっています。具体的には集中力、記憶力、想像力、発想力、論理力、時間管理能力、情報処理能力の７つの能力です。読書する能力を鍛えるＢＴＲメソッドは、これらの能力をアップグレードするトレーニング方法でもあります。次ページ図「ＢＴＲメソッドが与える７つの能力」に、その理由を整理しました。これらの能力をアップグレードする前と後の比較を、ぜひ、参照してください。

BTRメソッドが与える7つの能力

読書が苦手な原因とは…
◎認知視野が狭い
◎論理構成がつかめない
◎イメージが湧かない

BTRメソッドの効果
◎認知視野拡大
◎論理力がアップ
◎イメージ力向上

アップグレード前		アップグレード後
本の内容がスムーズに頭に入ってこないので、集中状態に入りにくい	集中力	論理力、記憶力等が強化されることで楽に読書ができるため、すぐに集中状態に入れる
本を読んでイメージが湧かないので記憶に残らない	記憶力	イメージ力がつくことでスムーズに記憶することができる
知識量、イメージ力が不足しているので想像が広がらない	想像力	知識量、イメージ力を複合させることで想像力が広がる
読書が不足しているので素材がなく、発想も貧困になってしまう	発想力	読書により知識量が増え、発想、会話が豊かになる
論理的思考を必要とする場面、活用する場面が不足しているため、論理力が磨かれない	論理力	論理力に特化したトレーニングを通じて、集中的に強化される
スケジュールを組んでも、アウトプットと経過時間を計測する習慣がないため計画倒れになる	時間管理能力	スキマ時間を使って、計測時間とアウトプットを管理するため時間管理能力の精度が上がる
認知視野が狭く、論理的思考力が低く、記憶力が低ければ情報処理能力は上がらない	情報処理能力	各能力を総合的に高めることで、情報処理能力が向上する

PART 1　SECTION 2

BTRメソッドが、なぜ
試験勉強などに効くのか？

前ページでBTRメソッドがもたらす7つの能力を解説したが、ここでは、さらに詳しく、BTRメソッドがなぜ試験勉強などに効果があるのか、その理由を紹介しよう。

理由 その❶　「速さ」と「理解」を両立するトレーニングだから

速く読めれば
それでよいのか？

　ひと口に「速読」といっても、世の中にはさまざまなメソッドがあります。そのなかには、やみくもに速さを求めるものも少なくありません。
　もちろん、速く読めるようになるに越したことはないでしょうが、理解が追いつかなくては意味がありません。ビジネスパーソンは、本に書いてある内容を知りたくて読むのです。速く読めても内容が素通りしていく状態では、本末転倒といえるでしょう。BTRメソッドにおいては、速さとともに、理解度も重視したトレーニングを行なっています。そこが、各種試験勉強に効く第一の理由なのです。

読書をするときの
3つのプロセス

　速度と理解を両立するには、読書の3つのプロセスをバランスよく改善しなければいけません。すなわち、「認知→情報処理→記憶」です。コンピュータでいえば、「入力装置（キーボード、スキャナ）→CPU→ハードディスク」です。この「情報処理（CPU）→記憶（ハードディスク）」にあ

たる部分が、理解度に関係しています。

　速さばかりを追求する速読メソッドのトレーニング内容を見ると、認知視野を鍛えることだけに注力しているものが多いのです。その結果、たしかに認知の範囲は広く取れるようになります。しかし、情報処理と記憶が追いつかないために、逆に理解度が下がってしまいます。まさに、パソコンにたくさんの情報をインプットしたら、処理が追いつかずフリーズしてしまう状態です。同じことが脳内で起こっているのです。

自分の弱点を知り
バランスよく鍛える

　ＢＴＲメソッドでは、３つのプロセスをすべて鍛えるトレーニングメニューがそろっています。具体的には、認知（キーボード、スキャナ）視野拡大のトレーニングに関しては、「サッケイドシート」「ヘルマンシート」「ミディアムシート」「ランダムシート」「パターンシート」「ユニットブック」。情報処理能力（ＣＰＵ）をアップするためにイメージ処理や論理関係をスピーディに判断する力を鍛える「スピードボード」「ロジカルテスト」。記憶力（ハードディスク）をアップする「イメージ記憶」「イメージ読み」などが、それにあたります。

　さらにＢＴＲメソッドでは、これらのトレーニング後、すべてをスムーズにつなぐ「倍速読書トレーニング」がプログラムされています。コンピュータにたとえれば、ＯＳにあたります。コンピュータでも、ＣＰＵだけをバージョンアップしても全体のパフォーマンスはよくなりません。それと同様に、「認知→情報処理→記憶」のすべてを鍛え、さらに、つないで使えないと意味がないのです。

　トレーニングでは、成績を計測しながら進めていくので、自分の強み、弱みが確認できるようになります。

　読書の効率は、認知、情報処理、記憶の掛け算で決まりますので、弱みを補強したり、強みをさらに伸ばすことで、読書の効率を上げることができます。弱みを補強することで、強みをいっそう活用できるようになりま

読書効率の成功戦略方程式

	認知	×	情報処理	×	記憶	=	読書効率
トレーニング前	○	×	△	×	✕	=	△
長所強化型トレーニング	◎(長所を強化して全体をよくする)	×	○	×	✕	=	◎
弱点補強型トレーニング	○	×	○	×	△(弱点を補強して全体をよくする)	=	◎

PART1・インタビュー記事（P8～P42）で登場した速読実践者の課題

名前	年齢	職業・業界	ポジション	スピードと理解の両立		
				入力	情報処理	記憶
柴本翔さん	20代	金融	10か国語習得。新卒でファンド会社へ		●	●
小山奈々さん	20代	建築	一級建築士	●		●
鈴木葉月さん	30代	IT	MBA留学中		●	
山岡隆志さん	30代	サービス	MBA。マーケッター		●	●
柴山昌彦さん	40代以上	法律	弁護士から代議士へ		●	
河手真理子さん	40代以上	医師	ペインクリニック経営		●	●
大野浩史さん	40代以上	IT	大手企業人材育成スペシャリスト		●	●

優れたキャリアを誇る速読実践者だが、トレーニングをスタートしたときには、上記の○印の部分に課題を抱えていた。

すし、強みをさらに伸ばすことで、弱みをカバーするという戦略もあります。

とくに、最初のうちはなかなか弱みが改善できずに焦りを感じるかもしれません。しかし、強みを伸ばしていくうちに、トレーニング効果を実感し、余裕を持って本を読めるようになることで、あとからだんだんと弱みが改善されていくというプロセスを経るのがほとんどのケースです。

理由その❷ 速く読めることと、生産性の向上には相関があるから

どんな仕事にも
文字情報処理業務はある

　ビジネスパーソンの日常は、資料を読み込んでのリサーチ・企画立案、レポート作成、膨大な報告書のチェック、等々。とくに、ナレッジワーカーと称される人々の業務は、業種を問わず、文字情報との格闘が大半を占めているといっても過言ではありません。

　近年ではＩＴが発達し、以前なら電話でやりとりしていたこともメールで済ませることが増えてきました。そうなると、サービス業に従事する人やスキルワーカーなど、比較的文字情報を扱うことが少ない業種でも、その処理と無縁ではいられません。取引先とのメール連絡などを考慮すると、少なくとも業務の30％くらいは文字情報の処理を行なっていると思います。

　仮にあなたが、ＢＴＲメソッドのトレーニングを通じて3倍の速さで文字情報を処理できるようになったとして計算してみます。

　業務の30％にあたる文字情報の処理が3分の1の時間でできるようになるわけです。すると、それだけで25％も生産性が改善することになります。

　当然のことながら、文字情報を取り扱う割合が高い業務の人は、25％といわず、それ以上もの効果が期待できるわけです。言うまでもなく、生産性の向上は仕事に費やす時間短縮を促し、自由に使える時間の拡大につながります。このことが、最も短期で実感できるＢＴＲメソッドのキャリアに対する効果です。

資格試験など
スキルアップに役立つ

　次に中期的に見ると、資格取得に役立つという効果があります。ＰＡＲ

キャリアと求められる読書量の変化

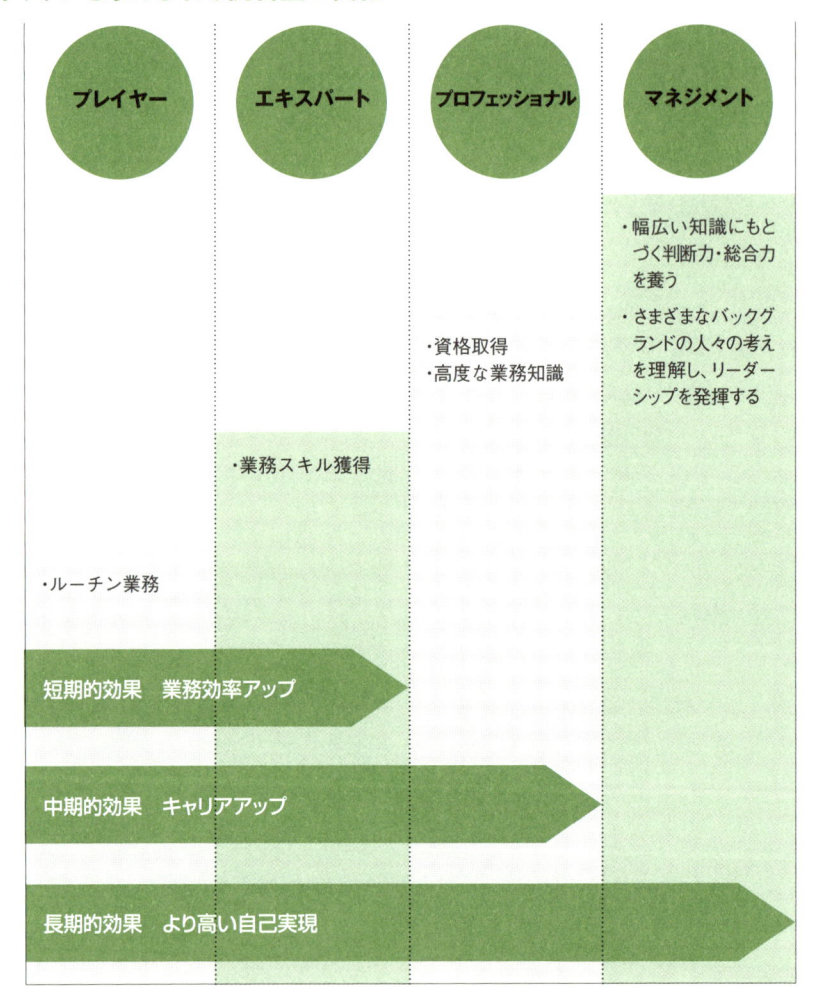

| プレイヤー | エキスパート | プロフェッショナル | マネジメント |

マネジメント
- 幅広い知識にもとづく判断力・総合力を養う
- さまざまなバックグランドの人々の考えを理解し、リーダーシップを発揮する

プロフェッショナル
- 資格取得
- 高度な業務知識

エキスパート
- 業務スキル獲得

プレイヤー
- ルーチン業務

短期的効果　業務効率アップ

中期的効果　キャリアアップ

長期的効果　より高い自己実現

　T1のインタビューで登場いただいた小山さんや柴山さんのインタビューでもご紹介した通りです。BTRメソッドを開発したクリエイト速読スクールでは、多くの難関資格試験の合格者を輩出していますが、もちろんそれも偶然ではありません。
　「速さ」と「理解」を両立するBTRメソッドだからこそ、資格試験のためのテキストを効率的に深く勉強することができます。イメージ記憶は、直

接、暗記力を鍛えるトレーニングになっています（P13～17・柴本さんインタビュー参照）。

　試験本番でも、ＢＴＲメソッドは効果を発揮します。試験はほとんどが文字情報の処理であることを考えれば、それも当然のことです。実際、ＢＴＲメソッドを実践した柴山さんや、河手さんのお子さんたちは、試験問題を速く読めるから、余裕を持って答えを考えることができたわけです。

　ビジネス競争が激化し、企業が終身雇用や安定を約束できなくなった現代。これからは業務を効率的に処理して時間をつくり、スキルアップのために資格取得等のための試験勉強をし、ビジネスパーソンとしての市場価値を高めていく必要があるでしょう。

マネジメントに必要な知識やノウハウを蓄積できる

　業務を効率的にこなし、スキルアップにも余念がない。そんなビジネスパーソンなら、順調にキャリアの階段を上っていくでしょう。そうして、マネジメントクラスに立ったとき、強く実感できるＢＴＲメソッドの効果があります。

　それは、速読によって読書が習慣化したことによって得られる、知識やノウハウの蓄積です。マネジメントは、業務に精通しているだけでは通用しなくなっています。部下を束ね、組織を運営していくには、総合的な力が求められるケースも多くなります。

　総合的な力とは、幅広い知識と経験を地道に積み重ねることで養われていくものです。しかし、どんなに懸命に生きてきたとしても、個人が経験から学べることはたかが知れています。それを効率的に補う手段の１つが読書です。読書を通じてなら、いつでも、どこでも、ありとあらゆる分野から学ぶことができます。

　豊富なインプットがなければ、優れたアウトプットなど出しようがありません。読書による知識やノウハウ、経験の蓄積は、長い目で見れば大きな差となって返ってきます。

プロイセン王国の宰相ビスマルクの言葉に、「賢者は歴史から学び、愚者は経験から学ぶ」というものがあります。短時間に本を読み重ね、他者の思考や経験を疑似体験し、自分の経験にフィードバックしていくことは、最も学習効率が高いものになるといえます。

理由 その❸ ビジネスパーソンが続けられるよう設計されているから

トレーニングは続かないと意味がない

どんなに優れた効果を持つトレーニングだとしても、続けられなくては意味がありません。ＢＴＲメソッドとは、いわばアスリートが競技で優れたパフォーマンスを発揮するための、体力トレーニングです。ビジネスパーソンが、それぞれの分野でよいパフォーマンスを上げるために行なう、頭脳トレーニングなのです。

体力トレーニングを1日、2日やったところで、効果は出ません。1か月、2か月と継続することによって、はじめて効果が実感できるようになります。ＢＴＲメソッドも同じです。このようなトレーニングでは、忙しいビジネスパーソンが無理なく続けられるしくみが不可欠です。

スキマ時間を使ってできるトレーニングメニュー

今回、本書でご紹介するＢＴＲメソッドは、1セットが15〜40分程度でできるように構成されています。どんなに忙しい人でも、この本をバッグに忍ばせておけば、ちょっとしたスキマ時間にトレーニングをすることができます。

とくに本書のＰＡＲＴ２では、トレーニングの「15分間体験メニュー」

速読実践者が続けられた理由

名前	年齢	職業・業界	ポジション	しくみ化・習慣化		
				スキマ時間活用	定量化PDCA	ゲーム感覚
柴本翔さん	20代	金融	10か国語習得。新卒でファンド会社へ	●		
小山奈々さん	20代	建築	一級建築士			●
鈴木葉月さん	30代	IT	MBA留学中		●	
山岡隆志さん	30代	サービス	MBA。マーケッター		●	
柴山昌彦さん	40代以上	法律	弁護士から代議士へ		●	
河手真理子さん	40代以上	医師	ペインクリニック経営			●
大野浩史さん	40代以上	IT	大手企業人材育成スペシャリスト	●		

を設けています。このメニューは、「カウント呼吸法」（2分）→「たてサッケイドシート」（1分×2回）→「数字ランダムシート」（1分×2回）→「漢数字一行パターンシート」（1分×2回）→「スピードチェック」（1分）→「スピードボード」（3分）→「ロジカルテスト」（3分）を1セットにしたもので、全部で15分でトレーニングが終了します。時間こそ短いですが、充実したメニューをこなせるのがわかるでしょう。

　文字を読む速さを鍛えるためのトレーニングなので、時間を意識して進めるのがポイントです。1分、2分と意識をしているうちに、濃い時間の使い方ができるようになり、時間感覚も研ぎ澄まされていきます。

　このように短時間集中するトレーニングを繰り返すと、そのほかの勉強をするときでも、スキマ時間を有効に活用できるようになります。そして、スキマ時間を有効に活用できるようになるということは、"継続するしくみ"を自分のなかに作れたということです。

成果が数値化され、一目瞭然。モチベーションがアップ

　ＢＴＲメソッドでは、各トレーニングの進捗が数値化されているので、

定量的に管理することが可能です。また、読書を効率化するためのＫＰＩ（Key Performance Indicators：目標の達成度を計るための評価指標）と、それを改善するためのトレーニングがうまくリンクしています。これにより、自分の弱点を発見し、弱点のトレーニングを的確に行ない、改善結果を実感するという「ＰＤＣＡ（Plan-Do-Check-Action）サイクル」を確実に回すことができます。

　これは、トレーニングを続けるモチベーションを維持するためにも有効です。毎日、１項目だけでも自分の新記録が更新できれば、達成感を味わうことができます。スポーツジムも「タイムが短縮できた」「体脂肪率が減った」「いままで上げられなかったウェイトが楽に上げられた」……、と実感できるからこそ続くものです。

ゲーム感覚で楽しめる 飽きがこないトレーニング

　ＢＴＲメソッドのトレーニングの長所は、ゲーム感覚で楽しめることです。実際やってみると、１つひとつのトレーニングが楽しくて、飽きがきません。無理せず継続できるばかりでなく、「もっといい成績を出したい」「やらないと、何となく気持ち悪い」というようになっていき、ある種の常習性があります。

　そうなると、「楽しいけど、これで本当に成果が出るのだろうか？」と疑問も湧いてきますが（実践者の小山さんもインタビューで、そう話していました）、大丈夫です。すべてが認知能力、情報処理能力、記憶力の改善につながるトレーニングですから、楽しみながら試験突破に必要な７つの能力を鍛えていくことができているのです。

　トレーニング後には、脳が心地よく疲労しているのがわかります。それは、スポーツジムで運動をしたあと爽快な気分になるのと似ています。脳のいつも使っていない部分が活性化される感覚を、ぜひ、読者のみなさんにも体験していただきたいと思います。

BTRメソッドの
トレーニング理論

ここでは、BTRメソッドの成り立ちと考え方、
どのトレーニングで何を習得できるのかを説明しよう。
トレーニングの目的を知ることで、その効果を最大限に活かせるはずだ。

BTRメソッドの生い立ち

　BTRメソッドは、クリエイト速読スクールによって考案された、日本語の速読技術を習得するための実践的なトレーニングプログラムです。1986年にトレーニングの骨格ができあがり、その後、改良を重ね、現在の内容となりました（改良はいまでも続けられています）。

　このトレーニングプログラムは、97年に実用新案を取得しました。2005年には再取得もしています。これは開発者の知的財産を守るためだけでなく、世の中にBTRメソッドを正しく普及するためでもあります。

BTRメソッドが目指している速読

　「速読」とは自己実現を助ける1つの手段にすぎず、これはBTRメソッドでも変わりありません。速読によって実際に本を読んだり、勉強をすることで、はじめて優れた効果が期待できます。

　つまり、BTRメソッドのトレーニングをしても、一定の読書量や勉強量は必要で、その努力をしなければ自分を磨くことはできないし、ましてや入学・資格試験の突破、キャリアアップも望めないということです。

　しかし逆に、これまで努力をしてきたのに、なかなか効果が出せないという人においては、BTRメソッドによって画期的に能力を伸ばすことも

期待できます。ボトルネックとなっていた問題点をトレーニングによって解消することで、これまでコツコツと努力で培ってきた潜在能力が顕在化する可能性が高いのです。

このように、人によって（それまでの努力によって）効果はマチマチです。しかし、クリエイト速読スクールでは、多くの生徒さんをトレーニングしてきた実績データをもとに、初見・未読の本の3倍速を保証しています（※これは、あくまでスクールでの効果で、本書における効果ではありません）。これは誰もが到達できる速読能力なのです。たかが3倍、されど3倍。いまの読書が3倍速くなることは、十分に魅力的ではないでしょうか。

目的に応じて
トレーニングできる

もともとのレベルの差こそあれ、ＢＴＲメソッドは誰もがチャレンジできるトレーニングです。「活字を見るのも苦痛で、何とかしたい」という方でも、「読書は好きだけど、情報処理能力が遅いので改善したい」という方でも、同じトレーニングで能力を伸ばしていくことができます。また、読書速度に自信がある方でも、改善する余地があります。だからすべての人に3倍を保証しているのです。

そのメカニズムを次ページの「ＢＴＲメソッドのトレーニングシステム」に示しました。■■■は、あなたの状態や変化を表わしています。何らかの目的を持ってトレーニングを始めたあなたがＢＴＲメソッドによって、目標達成へと進んでいくプロセスが描かれています。■■■部分はＢＴＲメソッドの具体的なトレーニングを表わします（※本書では紹介していないトレーニングメニューも含まれています）。

認知科学にもとづいた
トレーニングシステム

ＢＴＲメソッドは、「認知科学」にもとづき構築されています。

BTRメソッドのトレーニングシステム

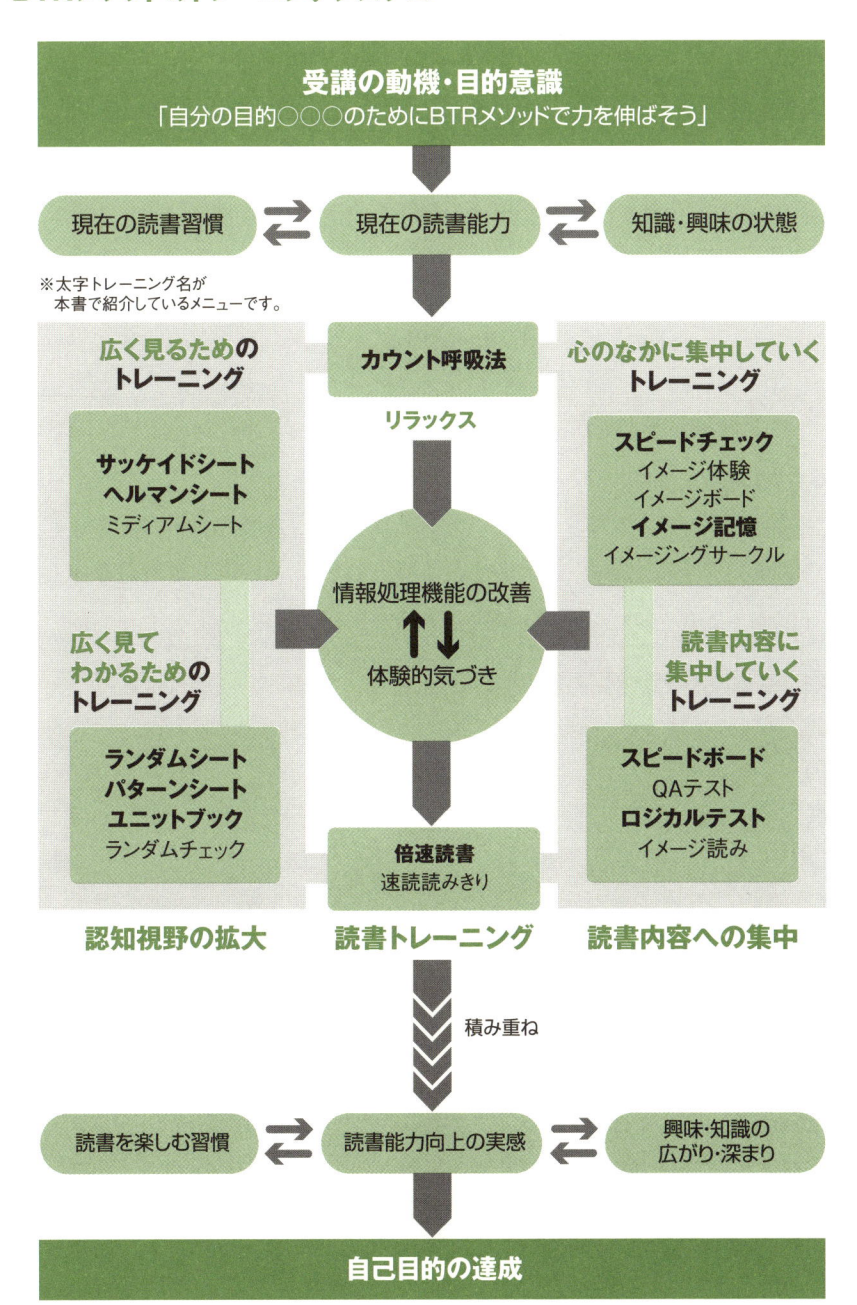

受講の動機・目的意識
「自分の目的○○○のためにBTRメソッドで力を伸ばそう」

現在の読書習慣 ⇄ 現在の読書能力 ⇄ 知識・興味の状態

※太字トレーニング名が本書で紹介しているメニューです。

広く見るためのトレーニング
- **サッケイドシート**
- **ヘルマンシート**
- ミディアムシート

カウント呼吸法
リラックス

心のなかに集中していくトレーニング
- **スピードチェック**
- イメージ体験
- イメージボード
- **イメージ記憶**
- イメージングサークル

情報処理機能の改善 ⇅ 体験的気づき

広く見てわかるためのトレーニング
- **ランダムシート**
- **パターンシート**
- **ユニットブック**
- ランダムチェック

読書内容に集中していくトレーニング
- **スピードボード**
- QAテスト
- **ロジカルテスト**
- イメージ読み

倍速読書
速読読みきり

認知視野の拡大 | **読書トレーニング** | **読書内容への集中**

積み重ね

読書を楽しむ習慣 ⇄ 読書能力向上の実感 ⇄ 興味・知識の広がり・深まり

自己目的の達成

認知科学とは、「文字や文章を読んだときに、人間はなぜ意味を理解できるのか」という情報処理の働きを、脳神経科学・脳生理学・心理学・言語学・論理学・人工知能科学などの見地から解き明かそうとする学問です。

たとえば、「猫」という文字は、それだけでは紙に書かれた線にすぎません。しかし、日本語の「猫」の意味を知っている私たちなら、目から得たこの文字情報を、過去の学習や経験から得た「猫」の姿や特徴に置き換えてイメージすることができます。

つまり理論上、速読とは感覚器を通じて得られる文字情報を増加させ（認知）、その文字情報と記憶されている各種イメージを結びつける脳の情報処理の効率化を図る（情報処理、記憶）ことによって実現されることになります。ＢＴＲメソッドでは、この理論をトレーニングに落とし込んでいるわけです。

実際のトレーニングは、❶認知視野の拡大、❷読書内容への集中、❸読書トレーニングと進んでいきます。この３つのトレーニングを繰り返していくことで、総合的な読書力を身につけていきます。

1 認知視野を拡大させる

本を速く読むには、本の１ページ全体を広く見て、瞬時に多くの文字情報を認識できる能力が必要です。これを鍛えるのが、❶の「認知視野の拡大」のトレーニングです。

文章を理解する際に、音声情報の場合は、１音ずつ理解していかなくてはなりません。一方、本の文章の場合、文字情報が紙に残っているため、複数の文字情報を同時に認識することが可能です。

しかし、私たちは学校の授業で音読をさせられており、アタマから１文字ずつ読む方法に慣らされています。大人になったいま本を読むときも、声にこそ出さないものの、同じやり方で「黙読」をしている方がほとんどでしょう。この長年の「黙読」習慣のせいで、複数の文字情報を同時に認識することができなかったのです。実際にトレーニングをしてみると、いかに人間の認知視野が広いか実感できます。

BTRメソッド3つの柱

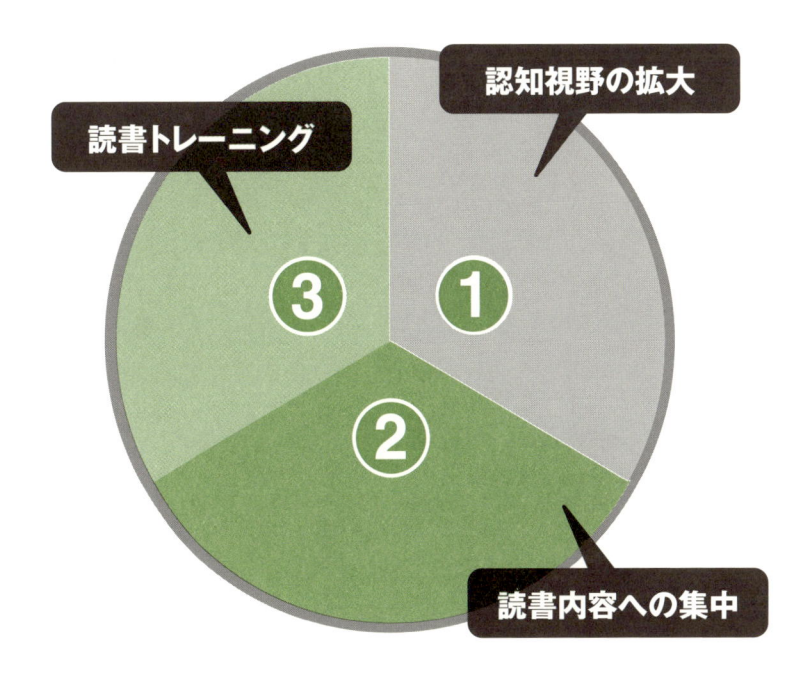

（図：①認知視野の拡大　②読書内容への集中　③読書トレーニング）

2 読書内容への集中を促す

　認知視野が拡大されても、文字を目で速く追うだけでは意味がありません。文字情報を瞬時にイメージに変換したり、効率的に整理・理解する能力を鍛える必要があります。これが❷の「読書内容への集中」です。

　本来、この能力は誰もが普通に持っているものです。好きな小説を読んでいることをイメージするとわかりやすいでしょう。物語が頭のなかで鮮やかに展開し、時間が経つのを忘れて没頭してしまう。あの感覚です。BTRメソッドでは、イメージ力を強化したり、論理的思考能力を強化することで、難しい専門書でも、まるで好きな小説を読むように読書内容への集中を促すのです。

3 読書トレーニングを積み重ねる

認知視野拡大と読書内容への集中を、実際の読書で実践していくのが、❸の「読書トレーニング」です。このトレーニングは、普段の読むスピードより速く読むことを意識して行ないます。その際、❶❷で鍛えた力をフル活用して、速度を優先するように意識しましょう。

初めのうちは、虫食い状態で読む、いわゆる「拾い読み」のような場面が現われますが、不安がらずに倍速の負荷をかけていきましょう。

そのときは、目をどう動かせばよいのかとか、ページの見方をどうすればよいのかというテクニック的な発想ではなく、最初の2つの柱で培った力を最大限に活かそうとすることがポイントになります。2つの柱を背景に、速く正確に理解するための強い推進力が生まれてきます。

❖

最後に、私自身の経験をお話ししましょう。

私がクリエイト速読スクールに通ったのは、大学3年生になる春からだったと思いますので、15年以上前になります。当時の法学部の試験は1年間に1回しかなくて、1か月以上かけて行なわれる長丁場の試験に対し、大量のテキストと講義を完全に理解して臨むという形でした（現在は、前期、後期で分かれています）。

要は、膨大な情報に対する処理能力が問われるものでした。当時の法学部の授業は、一方的に講義を行なうマスプロ型の授業が中心で（現在はロースクールができて変わったようですが）、大学の授業に出るよりも、教科書やノートを元に試験前に集中的に勉強して、普段は法律学以外の読書に時間を使いたいと思っていました。そこで、速読に興味を持ったわけです。

正直、初めは半信半疑でしたが、結果的に、トレーニングの投資リターンは、非常に高かったと思います。元々の動機に関していえば、おかげさまで、大学の成績は、学卒で助手に採用されるぐらいの結果を残せました。その後、関心分野が拡がって、コンサルティング会社に転職したわけです

が、そこでも情報処理能力は重要な差別化要因でした。

　現在、私は、未公開会社に対する投資をビジネスにしているのですが、産業や会社を分析するために膨大な情報を処理する必要があります。そこでも、速読で身につけたことは大変役に立っています。

　いままで、友人でもわざわざ聞かれなければ紹介することはありませんでした。しかし、「速読」の社会的関心が高まるなかで、いろいろな人から質問されることが増え、「ＢＴＲメソッド」についてより多くの人が知る機会を作ったほうがよいのではと思い、今回のインタビュー・執筆にご協力させていただいた次第です。

LET'S EXERCISE!
PART 2
速読レッスン スタート!

15分間体験メニュー 次ページから始まるトレーニングのメニュータイトルのあとに、左のマークがついているトレーニングは、1日15分間でできる体験メニューです。体験メニューは全部で7トレーニングあり、各トレーニングの所要時間を合計すると15分になります。まずは1日15分のお試しトレーニングを始めましょう。

15分間体験メニュー	所要時間	目標数値
❶カウント呼吸法	2分	7回
❷たてサッケイドシート	連続トレーニング15秒×4回=1分 +カウントトレーニング1分=計2分	30回
❸数字ランダムシート	1分×2回=計2分	30
❹漢数字一行 パターンシート	1分×2回=計2分	「○」→1,000 「四」→1,000
❺スピードチェック	1分	30
❻スピードボード	3分	2分を切る
❼ロジカルテスト	3分	2分を切る

7日間トレーニング 次ページから始まるトレーニングは、7日間(7回分)で終了するように構成してあります。体験トレーニングを終了したあとに、トレーニングを7日間続けてみてください。効果が表われるのが実感できたら、繰り返し行なうことをおすすめします。

PART 2　PROLOGUE

トレーニングを始める前にすること
まずは初期読書速度を測定してみよう

記録カードの準備

　本書で掲載した各トレーニングは、その結果を記録しておくことが大切です。「BTRメソッド速読トレーニング記録カード（P.189〜P.190）」「倍速読書トレーニング用紙（P.188）」は、切り取っていつも手もとにおいてください。

	トレーニング名（記入法）	1日目 月 日	2日目 月 日	3日目 月 日
目を鍛えるトレーニング	カウント呼吸法（数）			
	たてサッケイドシート（数）			
	よこサッケイドシート（数）			
	ヘルマンシート（カウント数）			
	数字ランダムシート	・	・	・
	かなブロックパターンシート（ブロック数）			
	数字ブロックパターンシート（ブロック数）			
	漢数字一行パターンシート（行数）	(O) 四	(O) 四	(O) 四
	よこ一行ユニットブック（ブロック数）			
脳を磨くトレーニング	スピードチェック			
	スピードボード	/	/	/
	ロジカルテスト（正答数／解いた数）	/	/	/
	イメージ記憶	/40 /40	/40 /40	/40 /40
倍速読書トレーニング	倍速読書（書名）			
	理解度			
	読字数			

PART 2　PROLOGUE

時間の計り方

　BTRメソッドの各トレーニングは、ほとんどが1〜2分単位で進行していきます。教室では講師が「ヨーイ、始め！」……「ハイ、やめ！」……といった感じで号令をかけて進みますが、ひとりではそれができません。

　そこで、たとえばキッチンタイマーを準備して時間を計ったり、あらかじめ自分の声で「ヨーイ、始め！」→（ここに各トレーニングで指定する時間の空白を作る）→「はい、やめ！」といったように録音しておいて、それを再生して使うなどしてください。

　また、スピードチェック、スピードボード、ロジカルテストでは指定の時間内に終わるように上達した場合、ストップウォッチを併用するとより正確な時間を記録できます。

現在の読書速度を計測する

　トレーニングに入る前に、現在の読書速度（「初期読書速度」）を知っておきます。次の要領で計測してください。

1 ストップウォッチか時計を用意します。

2 ストップウォッチで時間を計りながら、68〜69ページ課題文『小さな町工場の社員に芽生えた"誇り"』（『儲けとツキを呼ぶ「ゴミゼロ化」工場の秘密』古芝保治著、弊社刊）を読みます。このとき、ふだん本や雑誌を読むときのスピードで読むようにしましょう。よく理解しようとゆっくり読んだり、速く読む必要はありません。

3 読み終えたらストップウォッチを止め、1分間の読字数を算出します。

4 1分間の読字数の算出法は下記を参照してください。

　　例　※かかった時間は秒に直す

　　1分50秒→110秒
　　1分間の読字数＝1200字÷（　　　）秒×60
　　1分間の読字数　　　　字／分

『小さな町工場の社員に芽生えた"誇り"』読字数早見表（1200字）

下表は68〜69ページの文章すべてを読んだときの速度を知るために使います。

A⁺〜Dは読書スピードの程度を示しています（185ページ参照）。

A⁺		A		B		C⁺		C		C⁻		D	
すべての文章を読み終えるまでにかかった時間	1分間の読字数	すべての文章を読み終えるまでにかかった時間	1分間の読字数	1分間の読字数		1分間の読字数		1分間の読字数		すべての文章を読み終えるまでにかかった時間	1分間の読字数	すべての文章を読み終えるまでにかかった時間	1分間の読字数
5秒	14400字	40秒	1800字	1分20秒	900字	2分	600字	2分50秒	423字	3分40秒	327字	4分20秒	277字
10秒	7200字	50秒	1440字	1分30秒	800字	2分10秒	553字	3分	400字	3分50秒	313字	4分30秒	266字
20秒	3600字	1分	1200字	1分40秒	720字	2分20秒	514字	3分10秒	379字	4分	300字	4分40秒	257字
30秒	2400字	1分10秒	1028字	1分50秒	654字	2分30秒	480字	3分20秒	360字	4分10秒	288字	4分50秒	248字
						2分40秒	450字	3分30秒	343字			5分	240字

※B〜Cが一般的な読書速度
※少数点以下四捨五入

PART 2 PROLOGUE

「初期読書速度」測定用・課題文

になったのです。光栄にも「松下ベンチャー精神を町工場から学ぶ」という勉強会の見学先に選ばれたのでした。私たちが松下電器産業に勉強に行くのならわかります。そうではなく、天下の松下電器産業が私たちの工場に勉強に来るというのです。

社内は大騒ぎになりました。

このできごとは、小さな町工場で働く社員の心に誇りを芽生えさせました。社長である私も同じです。

正直にいえば、息子として父を手伝おうと枚岡合金工具に就職したときは、小さい町工場であることが恥ずかしく感じました。もっと大きな会社に育てなければと思ったものです。社員だって、技術力には自信があっても、「自慢の勤め先」とまでは思っていなかったはずです。

しかし、この日を境に「松下電器さんが行く工場なら、わが社も見学したい」と問い合わせが相次ぎました。たくさんの企業の方々が訪れ、私たちの活動を誉めてくださいます。

社員の表情が変わりました。自信に満ちあふれて、生き生きとしています。その顔は、目標としてきたタナカテックの社員に負けないくらいピカピカに輝いていました。

（※現在は「パナソニック」）

小さな町工場の社員に芽生えた"誇り"
（『儲けとツキを呼ぶ「ゴミゼロ化」工場の秘密』古芝保治著、弊社刊より抜粋）

火災事故は、のちに枚岡(ひらおか)合金工具の運命を大きく変えるきっかけも与えてくれました。

「ゴミゼロ化」に取り組みながらも勉強を続けていた私は、大阪商工会議所で企業研修部が主催する「松下幸之助、本田宗一郎、稲盛和夫の生きざまに学ぶ」という経営勉強会で、前岡宏和先生に出会います。

前岡先生は、松下幸之助に直談判をしてPHP研究所（松下幸之助の経営哲学の研究や実践を提言するシンクタンク）に入社した記念すべき第1号です。これまでに松下グループで4万人以上を教えた大先生でもあります。

そんな前岡先生に、わが社の社内報『ひらおか通信』（現在は『ひらおかタイムス』に名称変更）をお渡ししました。すると先生はわが社の「ゴミゼロ化」の取り組みに興味を持たれ、工場見学に来てくださったのです。『ひらおか通信』は前述した火災事故の教訓と反省を共有しようと創刊したもので、「ゴミゼロ化」の取り組みや成果なども積極的に記事にしていたのです。やがて先生は「この取り組みは、もっと多くの人に知らせたほうがいい」とまでおっしゃってくださいました。

以来、前岡先生はわが社の「ゴミゼロ化」の進捗を見るため、年に1度訪問してくださるようになりました。

「ゴミゼロ化」の成果が見えてきた2001年12月13日、前岡先生のご推薦で、松下電器産業（※）の幹部候補8名の方々が、わが社の見学に訪れること

PART 2 | **PROLOGUE**

リラックス状態を作る
カウント呼吸法

15分間
体験メニュー
2分

74ページから始まるトレーニングの前に行なう基本トレーニングです。
腰を伸ばして背もたれのある椅子にラクに腰掛け、静かに呼吸することでリラックス状態を作ります。

トレーニング目的

　心身をリラックスさせることを目的とした呼吸法です。「リラックスしよう」と頭でいくら思っても、かえって緊張してしまって、案外リラックスすることができないものです。最初のうちは緊張を味わうくらいの気持ちで取り組んでください。

トレーニング方法　2分

　腰を伸ばして背もたれのある椅子に腰掛け、肩と首の力を抜いて軽く前に落とすようにします。目は軽く閉じるか、まぶたの力を抜いて半目（薄目）にし、次ページ図の動作をゆっくりスタートさせます。

　猫背になったり、だらしなく腰掛けないようにしましょう。繰返しトレーニングするうちに、リラックス感を深めていくコツがつかめるようになります。

　また、カウント呼吸終了後は、目を開けて手足の屈伸や背伸び、首や肩をゆっくり回したりするなど解除動作を行ないます。あくびをしたりして、気分をサッパリさせましょう。

カウント呼吸法の姿勢

1 準備	①		おなかをへこませて息を吐き切る
2 「始め」の合図	②	息を吸う	合図と同時に、息を吸い始める 息を吸いながら、心の中で「ひと〜つ」とカウントする
⋮ 2分間、 同じ動作を 繰り返す ⋮	③	息を吐く	息を吸い込んだら今度は静かに長く吐き出す 吐き出しながら、心の中で「力が抜けていく、力が抜けていく……」という暗示の言葉を静かに唱える
	④	息を吸う	おなかがへこむまで、すっかり吐き切ったら再び息を吸う 息を吸いながら、心の中で「ふた〜つ」とカウントする
	⑤	息を吐く	息を吐くときには、❸と同じように暗示の言葉を繰り返す 「2分」の合図があるまで、❷〜❺の一連の動作を繰り返しながら数をかぞえる
3 「はい、やめ」の合図	⑥		最後に息を吸ったときにカウントした数を記録カードに記入する

PART 2 | PROLOGUE

記録カードの記入方法

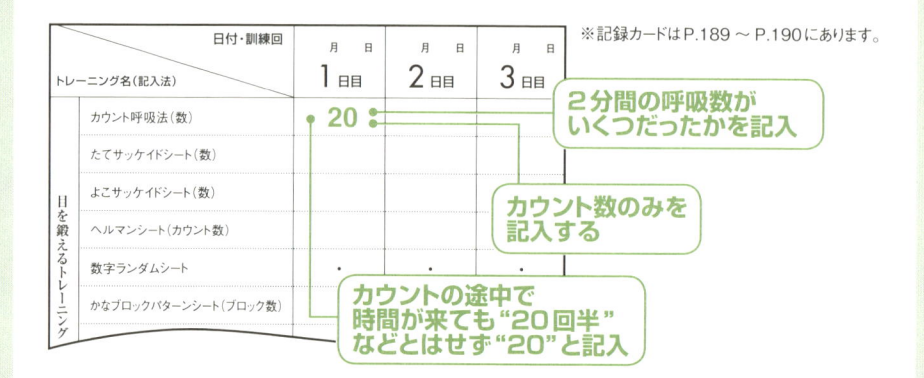

トレーニング名(記入法)	日付・訓練回	月 日 1日目	月 日 2日目	月 日 3日目
目を鍛えるトレーニング	カウント呼吸法(数)	20		
	たてサッケイドシート(数)			
	よこサッケイドシート(数)			
	ヘルマンシート(カウント数)			
	数字ランダムシート			
	かなブロックパターンシート(ブロック数)			

※記録カードはP.189〜P.190にあります。

- 2分間の呼吸数がいくつだったかを記入
- カウント数のみを記入する
- カウントの途中で時間が来ても"20回半"などとはせず"20"と記入

ADVICE

息を吐き出すとき、力が抜ける気持ちよさを味わいながら、「力が抜けていく、力が抜けていく……」と暗示の言葉を心の中で唱えましょう。

目標回数は7回です。息を吸う時間よりも、吐く時間を長くするようにしましょう。その時間の割合は、だいたい1：3くらいです。

また、椅子がない場合は、正座やあぐらなどの姿勢でもかまいません。腹式呼吸（普段より深い呼吸）がしやすい状態を作りましょう。

読書や勉強に取りかかる前には、つねにカウント呼吸法を取り入れてください。

EXERCISE 1

EYE Training

目を鍛える
トレーニング

認知視野を広げる

エクササイズ1で紹介するのは、速読の基本となる、たくさんの文字を識別する能力を高めるトレーニングです。各トレーニングメニューの数値を向上させることで、いままでより広い範囲が見られるようになり、文字を識別する能力もアップします。

PART 2　EXERCISE 1

上下の視野を広げる
たてサッケイドシート

サッケイドシートの▼▲を三角ポイントといいますが、たてサッケイドシートのトレーニングは、この三角ポイントをたて方向に素早く見ていく目のトレーニングです。

15分間体験メニュー　計2分
連続トレーニング
15秒×4回＝**1分**
＋カウントトレーニング
1分

トレーニング目的

　視野（視覚的注意範囲）を広げ、広範囲の文字に注意を向けられるようにするための基本トレーニングです。

　"眼球運動のトレーニング"は、視野の拡大につながります。なぜなら、静止した目の状態で鮮明に見ることのできる範囲は視野の中心部に限られていますが、**反射的にあちこちと目を動かして視野の中心を変えることで、視野を広げられるからです**。この反射的な眼球運動を専門用語で"サッケイド"といいます。

トレーニング方法

　78ページにある「たてサッケイドシート」を使うトレーニングです。トレーニングには、A.連続トレーニングと、B.カウントトレーニングの2種類があります。

　トレーニング方法はA.B.ともに、シートに描かれた▼▲ポイントを順番に見ていきます。視線の動かし方と視野の範囲を変えることで、目を鍛えるトレーニングになります。たて組みの本や文章を読むときに、トレーニングの効果が表われます。

A　連続トレーニング　　各30秒

　次の4つの動作をそれぞれ約30秒ずつ連続して行なうトレーニングです。この結果は、記録カードには記入しなくてOKです（※15分体験メニューでは、これを各15秒ずつ行なう）。

EYE Training

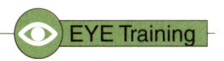

1 "1ポイント往復"の動作

　上下に4つずつ並んだ三角のポイントを、右上から1つずつジグザグに視点を移動して見ていく。頭を動かさず、素早く目だけを動かす。

　左下までいったら右上に飛ばず、下からまた1つずつ戻っていき"1ポイント往復"を繰り返す。

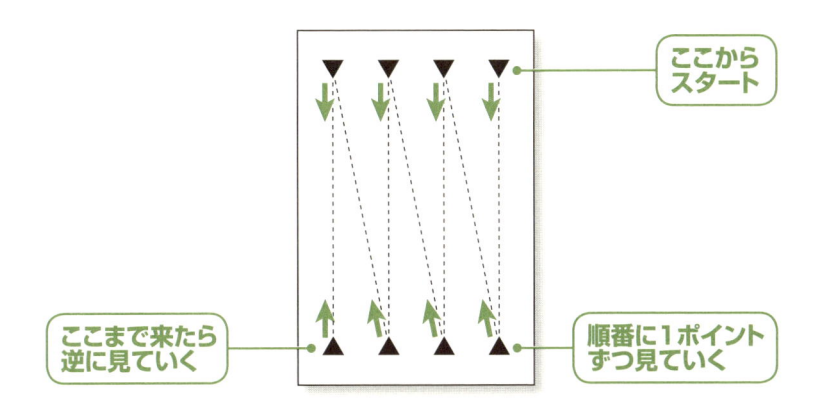

- ここからスタート
- 順番に1ポイントずつ見ていく
- ここまで来たら逆に見ていく

2 "2ポイント"の動作

　よこに並んだ2つのポイントを1組として、まとめて見ていく。

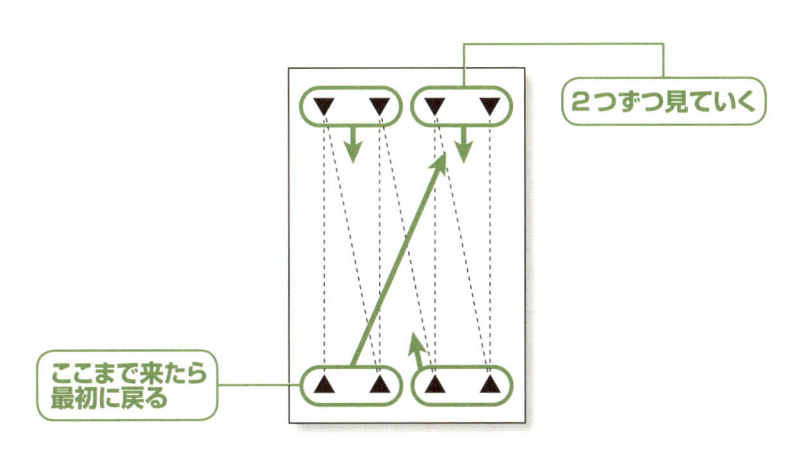

- 2つずつ見ていく
- ここまで来たら最初に戻る

3 "4ポイント"の動作

よこに並んだ4つのポイントを1組として、一目でまとめてとらえるようにして、目を繰り返し上下させる。

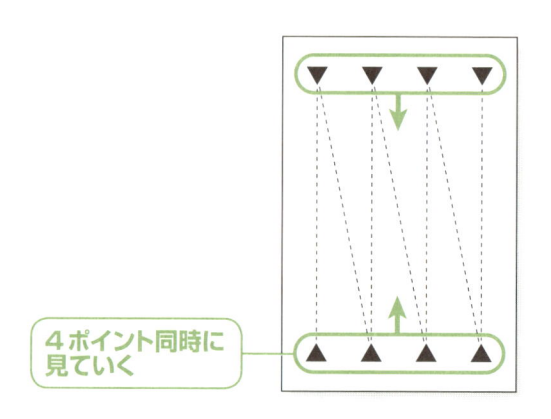

4ポイント同時に見ていく

4 "1ポイント片道"の動作

再び、右上から1つずつジグザグに視点を移動して見ていく。左下までいったら右上に戻って繰り返す。

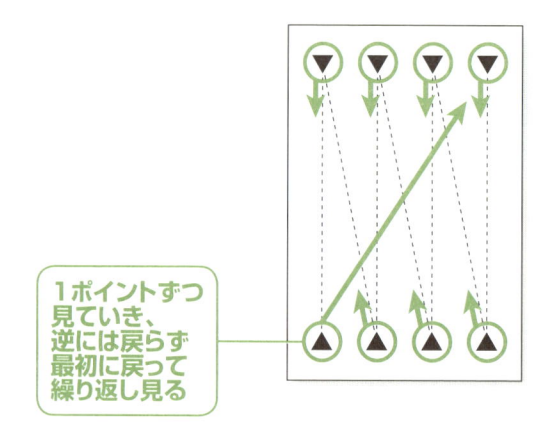

1ポイントずつ見ていき、逆には戻らず最初に戻って繰り返し見る

EYE Training

B カウントトレーニング　　1分

　連続トレーニングの次に行なうのがカウントトレーニングです。
　"1ポイント片道"の動作が1分間に何回できたかで進歩がわかるので、重要なトレーニングです。
　このトレーニングの結果は記録カードに記入します。

> 連続トレーニングの「4」のように1ポイントずつ見ていき、左下の▲ポイントまでいったら1カウント。
> ここから逆には戻らず、最初に戻って繰り返す

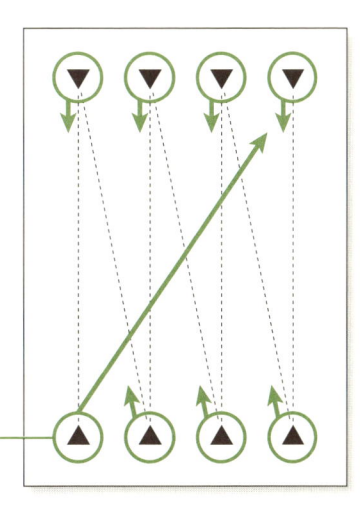

記録カードの記入方法

	日付・訓練回	月　日 1日目	月　日 2日目	月　日 3日目
トレーニング名（記入法）				
目を鍛えるトレーニング	カウント呼吸法（数）			
	たてサッケイドシート（数）	15		
	よこサッケイドシート（数）			
	ヘルマンシート（カウント数）			
	数字ランダムシート	・	・	・
	かなブロックパターンシート（ブロック数）			

※記入例にある数字は初めてチャレンジする方の平均値です。
※記録カードはP.189〜P.190にあります。

> カウント数のみを記入する

ADVICE

　必要以上に目に力を入れると逆効果です。眉毛が動くようでは力が入りすぎなので、もっとラクに見ましょう。
　コンタクトレンズを装着している人は、とくに目に力を入れないようにしましょう。ゴロゴロしたり違和感があれば、メガネに換えてトライしてみてください。
　目標回数は1分間で30回です。

PART 2   EXERCISE 1

たてサッケイドシート

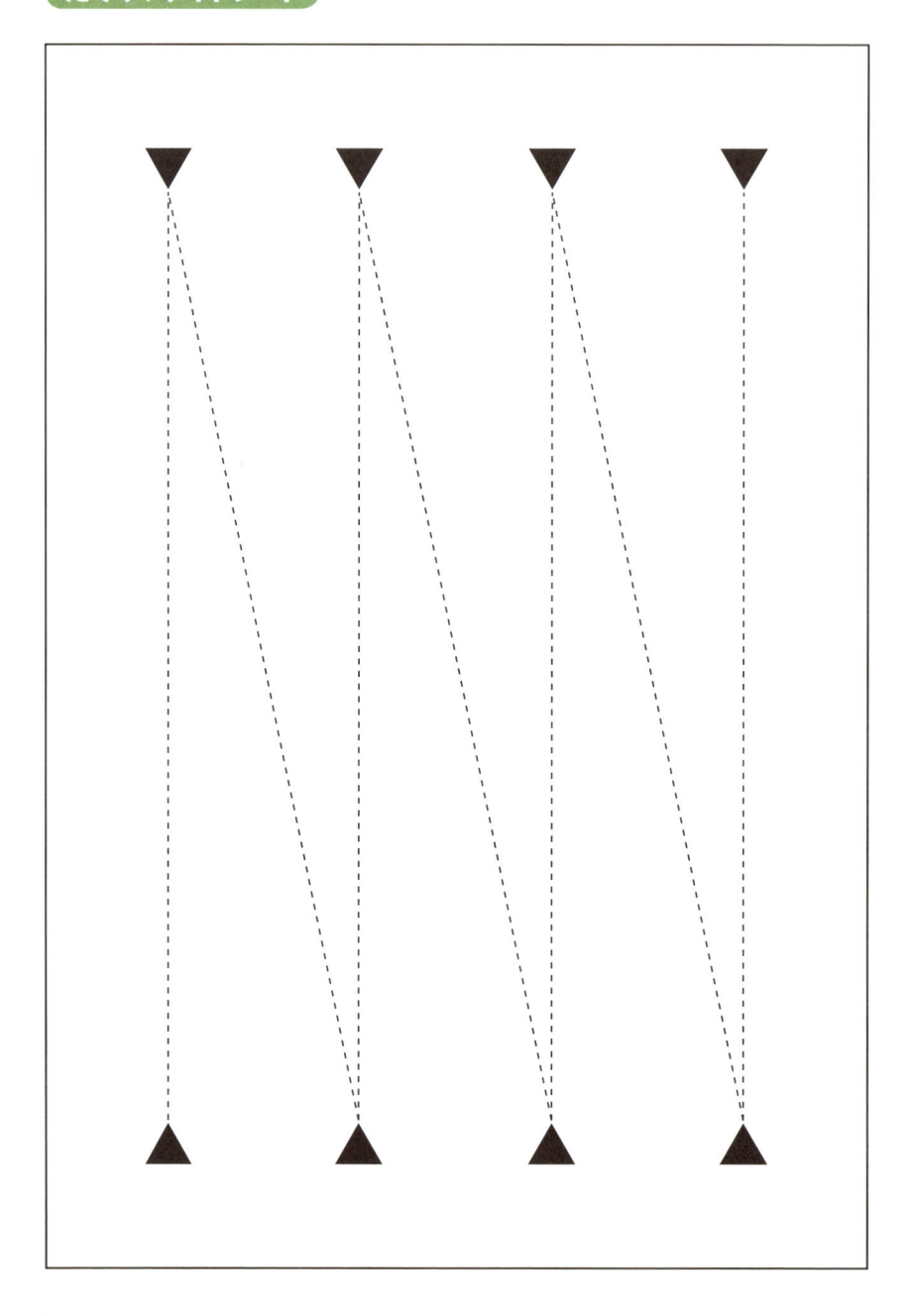

● EYE Training

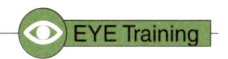

左右の視野を広げる
よこサッケイドシート

たてサッケイドシートと基本的に同じトレーニング方法ですが、
今度は▶◀ポイントをよこ方向に素早く見ていくトレーニングです。

トレーニング目的

　サッケイドシートは、「たて・よこ」いずれも、ふだん使わないような眼球の素早い運動を行なうことによって目の筋肉を刺激し、サッケイドが起こりやすくするものです。
「全体を見ようとすることによって、結果として目が動く」のが目的ですから、トレーニング中はつねにシート全体を視野の中に意識しながら行ないます。
　慣れてきたら、対になった三角ポイント（▶◀）を一目で見るようにしてください。とくに、コンタクトレンズを使用している人は、目を動かすというより広く見るようにします。

トレーニング方法

　たてサッケイドシートと同様に、シートに描かれた▶◀ポイントを目で追っていくトレーニングですが、視線をよこに動かしていく点が異なります。シートは82ページに掲載されたものを使います。
　よこ組みの本や文章を読むときに、トレーニングの効果が表われます。

A　連続トレーニング　　各30秒

　次の4つの動作を連続して行ないます。たてサッケイドシートと要領は同じで、記録カードには記入しなくてもOKです。

PART 2 — EXERCISE 1

1 "1ポイント往復"の動作

ここからスタート

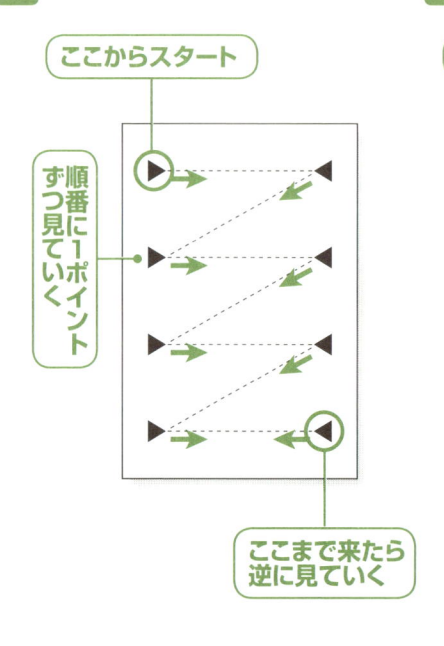

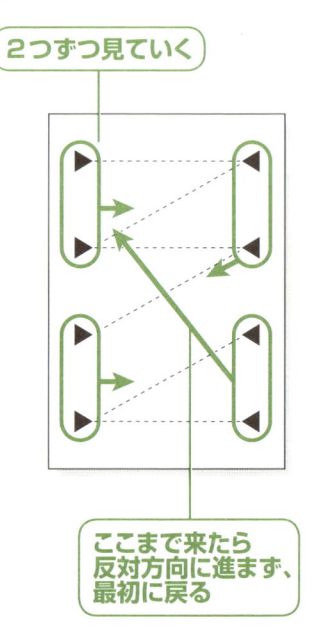

順番に1ポイントずつ見ていく

ここまで来たら逆に見ていく

2 "2ポイント"の動作

2つずつ見ていく

ここまで来たら反対方向に進まず、最初に戻る

3 "4ポイント"の動作

4ポイント同時に見ていく

4 "1ポイント片道"の動作

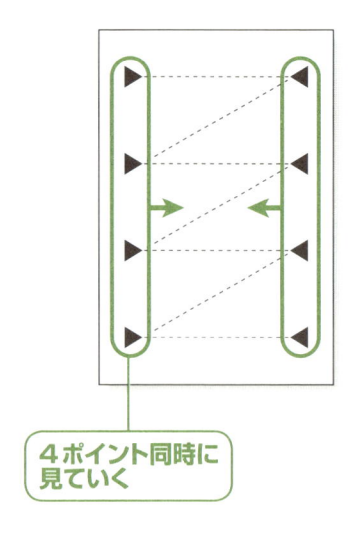

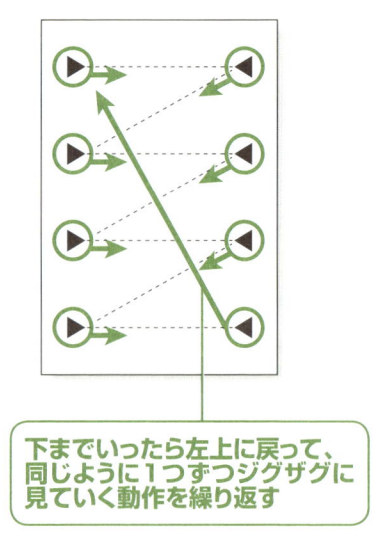

下までいったら左上に戻って、同じように1つずつジグザグに見ていく動作を繰り返す

B カウントトレーニング　1分

連続トレーニングの「4」"1ポイント片道"の動作を1分間に何回できるかのトレーニングです。1分間に何回かぞえたかを記録カードに記入します。

> 連続トレーニングの「4」のように1ポイントずつ見ていき、右下の◀ポイントまでいったら1カウント。逆には戻らず、最初に戻って繰り返す

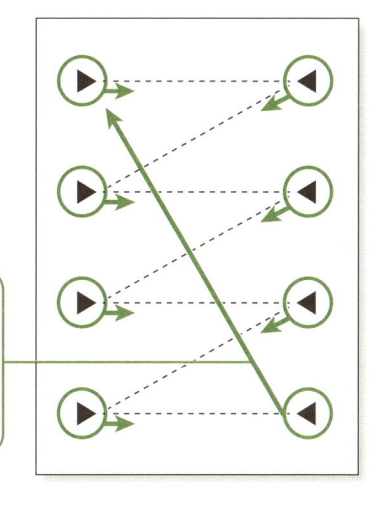

記録カードの記入方法

トレーニング名（記入法）	日付・訓練回	月　日 1日目	月　日 2日目	月　日 3日目
目を鍛えるトレーニング	カウント呼吸法（数）			
	たてサッケイドシート（数）			
	よこサッケイドシート（数）	14		
	ヘルマンシート（カウント数）			
	数字ランダムシート	・	・	・
	かなブロックパターンシート（ブロック数）			

→ カウント数のみを記入する

※記入例にある数字は初めてチャレンジする方の平均値です。
※記録カードはP.189～P.190にあります。

ADVICE

　サッケイドシートは基本中の基本なので、毎日続けるくらいの気持ちがほしいものです。▶◀を目で追うことで、眠っている脳が目覚め、ほかのトレーニングが、よりスムーズにできるようになります。
　▶◀は正確に見ているかどうかと悩むより、1ポイントをパッと見たときの明度でリズムよくサッケイドしてください。目標回数は30回です。

PART 2 EXERCISE 1

よこサッケイドシート

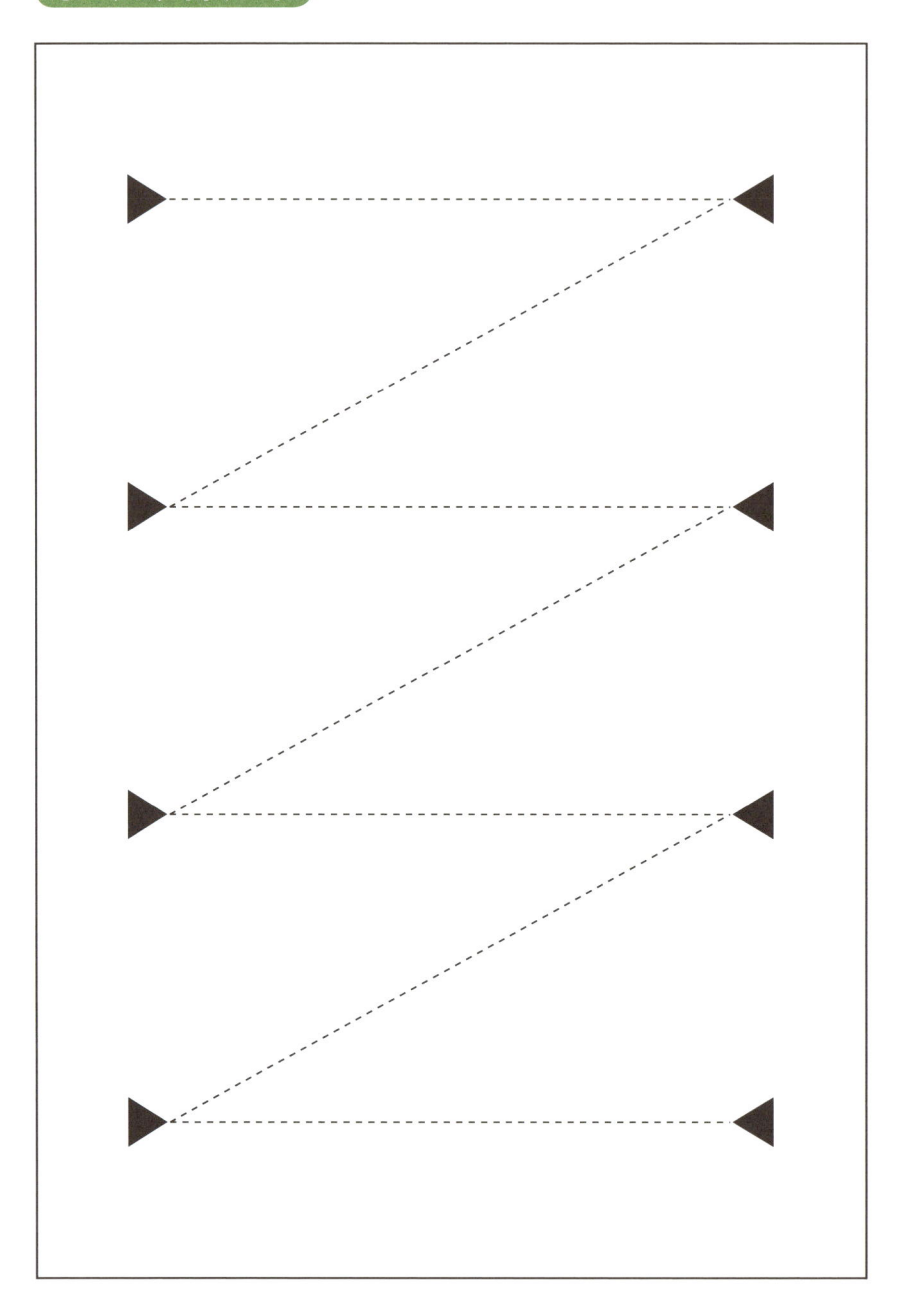

EYE Training

わかる範囲を広げる
ヘルマンシート

シートに描かれたマス目の交差点に錯覚によって現われる影を、
たてサッケイドシートのトレーニングの要領で、
目を動かしながら消していくトレーニングです。

トレーニング目的

　ヘルマンシートを見ると現われる影の錯視（錯覚）は、発見者の名をとって、「ヘルマンの錯視」あるいは「ヘルマン格子」と呼ばれています。シートの名称はここからきています。

　この錯視は、何気なく見ていると自然に生じてくるものですが、ある交差点をじっと見ていると、そこだけ影が消えるのが確認できるはずです。つまり、この錯視は、注意が集中したところでは起こらず、周辺の注意が不十分な視野の中で生じるものと考えられます。

　そこで、もっと広く影を消そうとすることで、**1か所に集中しすぎることなく、広い範囲に均等に注意を向けた状態をつくり出せるようにすることを目的**としています。このシートにより、ページを広く見るときの注意の持ち方を体感できるはずです。

トレーニング方法　1分

　このトレーニングは毎回1回行ないます。

　ヘルマンシートは、黒地に白い格子が描かれたシートです。このシートを何気なく眺めていると、白い格子の交差点に薄く灰色の影のようなものが見えます。この影は一種の錯視（錯覚）で、実際そのような影が印刷されているわけではありません。

　この影を確認できたら、どこか1つの交差点を見てみましょう。すると、そこだけ影が消えて、スッキリと白く見えるようになります。

　ここまでが準備段階で、今度は、影が消えた状態をその周辺の2か所とか3か所へ広げてみます（右上の交差点から、たてサッケイドと同じ流れ

で左下に視点を移動させてください）。

　1分間、できるだけ広い影を消し、左下までいったら「1回」と数え、再び右上の交差点から左下までいき、何回見ることができたのかカウントします。

ヘルマンシートの視線の動かし方

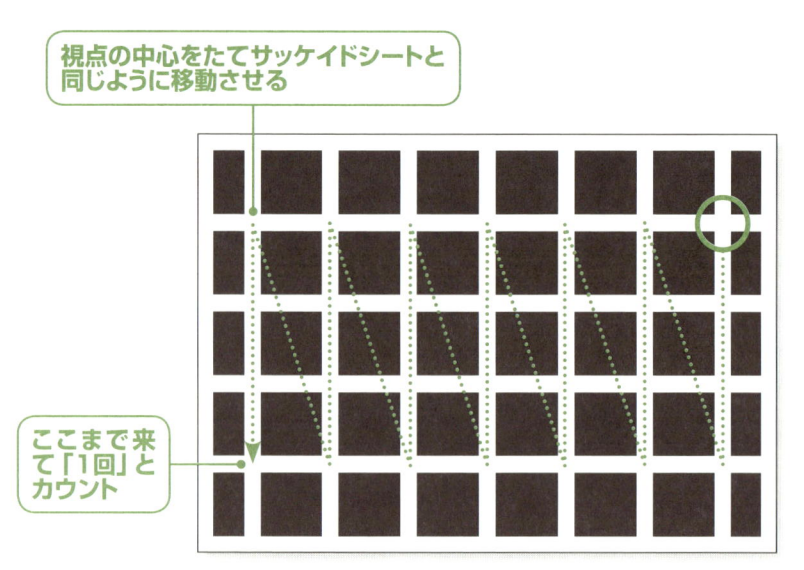

- ここに視点を合わせてスタート
- 視野を広くして少しでも影を消す

※この図では、説明をわかりやすくするために、交差点に影を印刷した部分があります。

- 視点の中心をたてサッケイドシートと同じように移動させる
- ここまで来て「1回」とカウント

EYE Training

記録カードの記入方法

トレーニング名(記入法)	日付・訓練回	月 日 1日目	月 日 2日目	月 日 3日目
目を鍛えるトレ	カウント呼吸法(数)			
	たてサッケイドシート(数)			
	よこサッケイドシート(数)			
	ヘルマンシート(カウント数)	3	·	
	数字ランダムシート	·	·	

※記入例にある数字は初めてチャレンジする方の平均値です。
※記録カードはP.189〜P.190にあります。

カウント数のみを記入する

ADVICE　ヘルマンシートは、自分の視野が広く取れているかどうかがすぐに確認できる便利なシートといえます。
　ポイントはヘルマンシートの影が消えているかどうかを厳密に考えないこと。目標回数は10回です。

ヘルマンシート

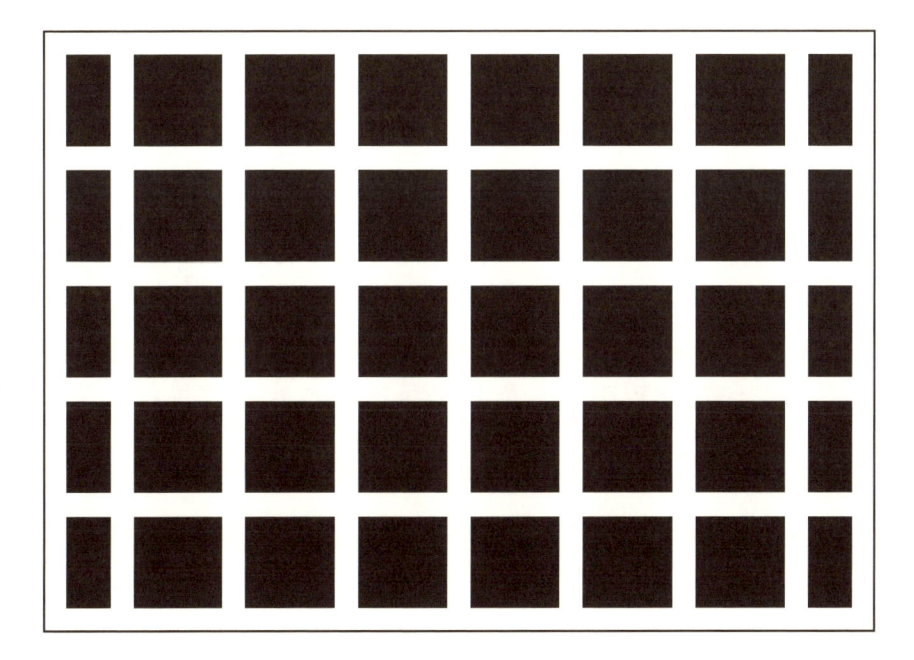

85

PART 2 EXERCISE 1

広い範囲の文字を読み取る
数字ランダムシート

15分間
体験メニュー
1分×2回

制限時間1分間の中で、1枚のシートに書かれた
1〜99までの数字を順番に探していきます。
視野を広く取れるようにするための効果的なトレーニングです。

トレーニング目的

　このトレーニングは、反射的な文字認知の働きを鍛えることを目的としています。実際にトレーニングをするとわかりますが、意外と簡単には見つけられないものです。これは、よけいな緊張が自然な文字認知の働きを抑えつけてしまうからです。

　トレーニングを重ねることで、リラックスして眺めるコツが身につくと、より広い範囲の文字を、単に見るだけでなく文字としてわかるようになってきます。

　89ページ以降には、数字ランダムシート❶〜❺までの5シートを掲載しています。これは、毎日同じシートを使っていると、トレーニングの効果が薄れてしまうのを防ぐためです。トレーニングで使うシートは、毎回（毎日）ランダムに変えるようにしてください。

トレーニング方法　1分

　次ページ図のように、シート1枚に1〜99までの数字がランダムに記載されています。この数字を、1分間の制限時間内に、1、2、3……97、98、99と、順番に見つけていくトレーニングです。

　探している数字を指で押さえたり、鉛筆やペンでチェックしてはいけません。また、シートが透けて見えるような場合は、ページとページの間に白紙か指をはさんで見るようにしましょう。

数字ランダムシートの数字の探し方

制限時間内に「1」から順番に「2」「3」「4」…とできるだけ多くの数字を探していく

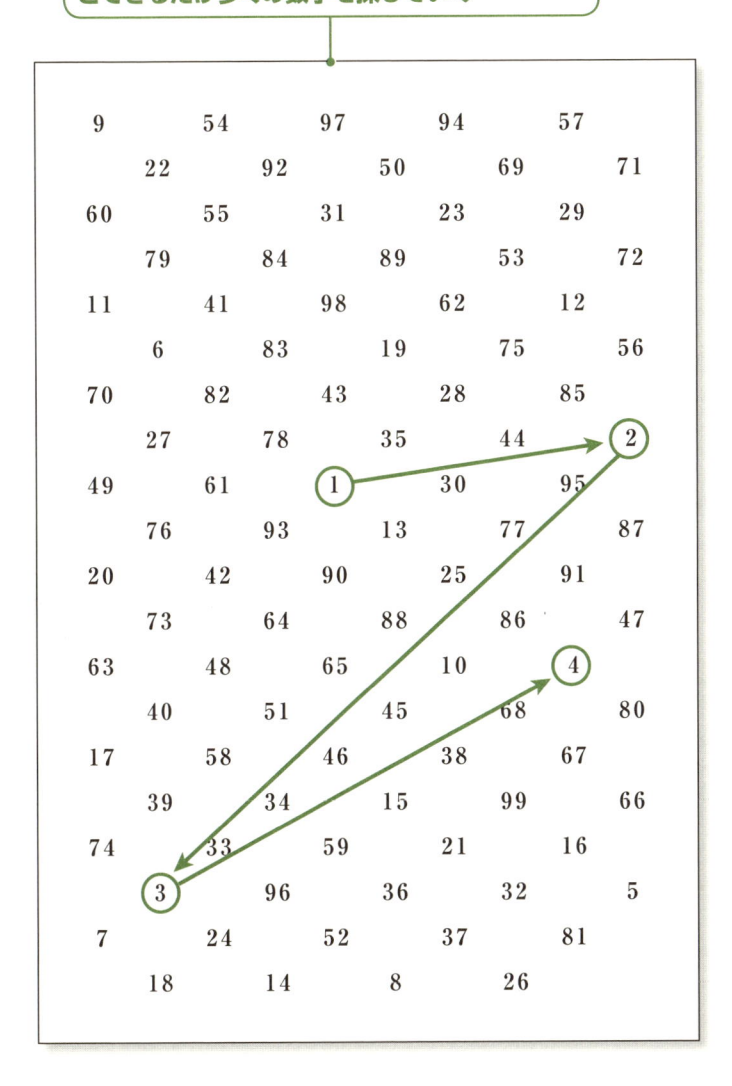

9		54	97	94	57	
	22		92	50	69	71
60	55		31	23	29	
	79	84		89	53	72
11	41		98	62	12	
	6	83		19	75	56
70	82		43	28	85	
	27	78		35	44	②
49	61		①	30		95
	76	93		13	77	87
20	42		90	25	91	
	73	64		88	86	47
63	48		65	10	④	
	40	51		45	68	80
17	58		46	38	67	
	39	34		15	99	66
74	33		59	21	16	
	③	96		36	32	5
7	24		52	37	81	
	18	14		8	26	

PART 2　**EXERCISE 1**

記録カードの記入方法

　1分間の制限時間内に見つけられた数字の個数を記入します。たとえば、1から探し始めて15まで見つけられたら、記入欄に15と記入します。

	日付・訓練回	月　日 1日目	月　日 2日目	月　日 3日目
目を鍛えるトレーニング	カウント呼吸法（数）			
	たてサッケイドシート（数）			
	よこサッケイドシート（数）			
	ヘルマンシート（カウント数）			
	数字ランダムシート	15	・	・
	かなブロックパターンシート（ブロック数）			
	数字ブロックパターンシート（ブロック数）			
	漢数字一行パターンシート（行数）	(〇) (四)	(〇) (四)	(〇) (四)
	よこ一行ユニットブック（ブロック数）			
脳を磨くトレーニング	スピードチェック			
	スピードボード	／	／	／
	ロジカルテスト（正答数／解いた数）	／	／	／
	イメージ記銘	／40　／40	／40　／40	／40　／40

※記入例にある数字は初めてチャレンジする方の平均値です。
※記録カードはP.189～P.190にあります。

「15まで見つけたら「15」と記入」

ADVICE

　最初のうちはなかなか進まないのでイライラするかもしれませんが、繰り返しトライして、数字の位置を覚えてしまうくらいトレーニングしましょう。
　数字ランダムシートはとくに大切なトレーニングです。うまくいかないからといって投げ出してしまわないで、根気よく続けましょう。目標数値は30です。

数字ランダムシート ❶ 1分

1	99	54	93	14
4	82	87	73	77
27	38	5	90	71
17	67	78	45	85
30	15	28	19	94
52	46	12	57	22
64	61	76	13	48
40	21	95	55	98
79	96	66	72	84
25	24	7	43	74
9	36	37	69	62
42	2	32	70	10
39	49	91	47	51
83	31	89	81	35
23	33	65	34	11
58	60	29	68	26
41	88	63	50	44
80	20	16	75	3
56	18	97	59	53
86	8	6	92	

数字ランダムシート ❷ 1分

75	77	61	78	37
	28	43	9	10	15
90	65	87	42	85
	38	46	1	33	63
91	86	24	20	57
	18	97	36	94	31
51	7	50	30	8
	79	16	62	66	27
72	59	70	12	13
	22	96	54	11	81
67	71	47	82	45
	49	17	92	64	83
32	53	14	34	88
	39	52	21	98	80
6	35	3	76	69
	4	29	73	84	5
40	58	60	26	89
	55	56	74	25	23
48	99	93	2	41
	95	68	44	19

数字ランダムシート ❸ 1分

63	75	84	62	8	
	99	23	76	87	34
1	9	17	58	19	
	13	72	38	26	88
60	48	81	66	90	
	30	43	86	69	40
83	25	71	70	64	
	93	51	77	59	32
20	36	15	49	21	
	78	85	2	55	33
97	92	6	41	94	
	53	10	14	27	54
7	74	61	52	79	
	37	24	67	5	45
91	4	22	80	39	
	73	35	12	42	68
3	18	82	16	50	
	47	46	44	65	57
31	89	28	95	29	
	11	96	98	56	

PART 2 — EXERCISE 1

数字ランダムシート ④　1分

95	11	28	93	74
	97	60	32	90	47
71	10	61	66	12
	25	33	40	77	8
68	5	53	30	26
	17	2	45	35	31
29	55	44	83	79
	85	89	14	48	64
4	78	99	82	62
	65	3	81	24	37
22	88	56	7	76
	41	34	49	92	18
15	72	70	75	91
	94	43	51	58	96
86	19	39	13	36
	38	42	27	63	20
73	84	80	46	50
	87	1	52	54	59
6	57	98	16	21
	67	9	23	69	

数字ランダムシート ❺   1分

68		9	31	22	51	
	92	33	64	55		39
57	63	65	73	4		
	44	16	23	20		32
17	97	3	86	27		
	10	26	76	89		58
77	35	95	25	91		
	98	48	1	24		7
90	82	84	38	2		
	19	46	40	83		28
99	13	47	74	88		
	43	72	11	79		54
71	67	78	53	60		
	96	42	75	93		5
37	41	50	12	87		
	14	21	66	52		59
29	61	49	80	36		
	70	69	8	85		18
94	34	62	56	81		
	15	6	30	45		

PART 2　EXERCISE 1

ダイナミックに読み取る
ブロックパターンシート

「かなブロックパターンシート」と「数字ブロックパターンシート」は、
それぞれブロックが全部で8つあり、
各ブロックから同じ文字を順番に探していくトレーニングです。

トレーニング目的

　パターンシートは、パターン認知範囲拡大シートの略称です。文字群のひとかたまりを"ブロック"といいます。通常ブロックパターンを略して"BP"と呼んでいます。

　広範囲の文字に注意を向け、それらが文字のパターン認知の対象となるような習慣を身につけることが目的です。

　さらに、このトレーニングでは、**リズミカルな眼球運動を加えることによって、意識しなくても必要な文字（数字）を求めて目が動くという状態になることをねらいとしています。**

　慣れてくるにつれて、ブロックからブロックに目を移した瞬間に目的の文字や数字に目が止まるようになれば、効果が表われたといえます。

トレーニング方法　2分

　かなブロックパターンシートは1ブロック4×12＝48の文字で、数字ブロックパターンシートは1ブロック「1」〜「0」の10個の数字で構成され、どちらも全部で8ブロックあります。各ブロックは、いずれも同じ文字（数字）群でできていますが、配列は8つとも異なっています。これらのブロックを次ページ図の矢印が示す順に、**右上から左下まで繰り返し見ていくトレーニング**です。

　かなブロックパターンシートでは、五十音順に「あ」〜「ん」までの1文字を探していきます。同様に、数字ブロックパターンシートでは、まず最初に「1」から探していき、8ブロック見終わったら右上に戻って、今度は「2」を探していきます。「9」まで終わったら、次は「10」から始まる2桁

を探します。たとえば「10」なら１ブロックの「１・０」を同時に見つけます。「11」「22」など同じ数字２桁の場合は、１ブロックの中の「１」や「２」を１回だけ見ていきます。

かなブロックパターンシートの文字の探し方

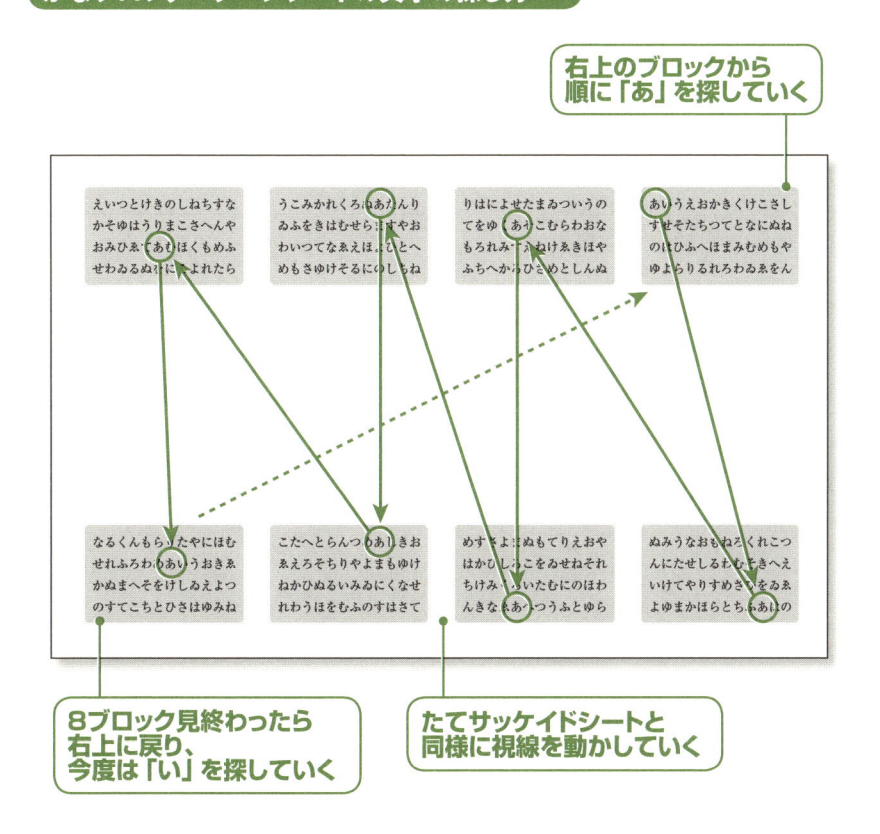

右上のブロックから順に「あ」を探していく

8ブロック見終わったら右上に戻り、今度は「い」を探していく

たてサッケイドシートと同様に視線を動かしていく

探す文字の順番は右上のブロックの文字配列の順（あいうえお順）に探す

あいうえおかきくけこさし
すせそたちつてとなにぬね
のはひふへほまみむめもや
ゆよらりるれろわゐゑをん

PART 2　EXERCISE 1

数字ブロックパターンシートの数字の探し方

　見やすい数字は左横のブロックといっしょに見てもかまいません。たとえば、「1」なら上段の「1」を4個同時に探すくらいに視野を広くとりましょう。ブロック内の文字情報が少ないため、視野を広くとれば、「離れた文字(数字)が同時に見てわかる」という感覚を養うことができます。

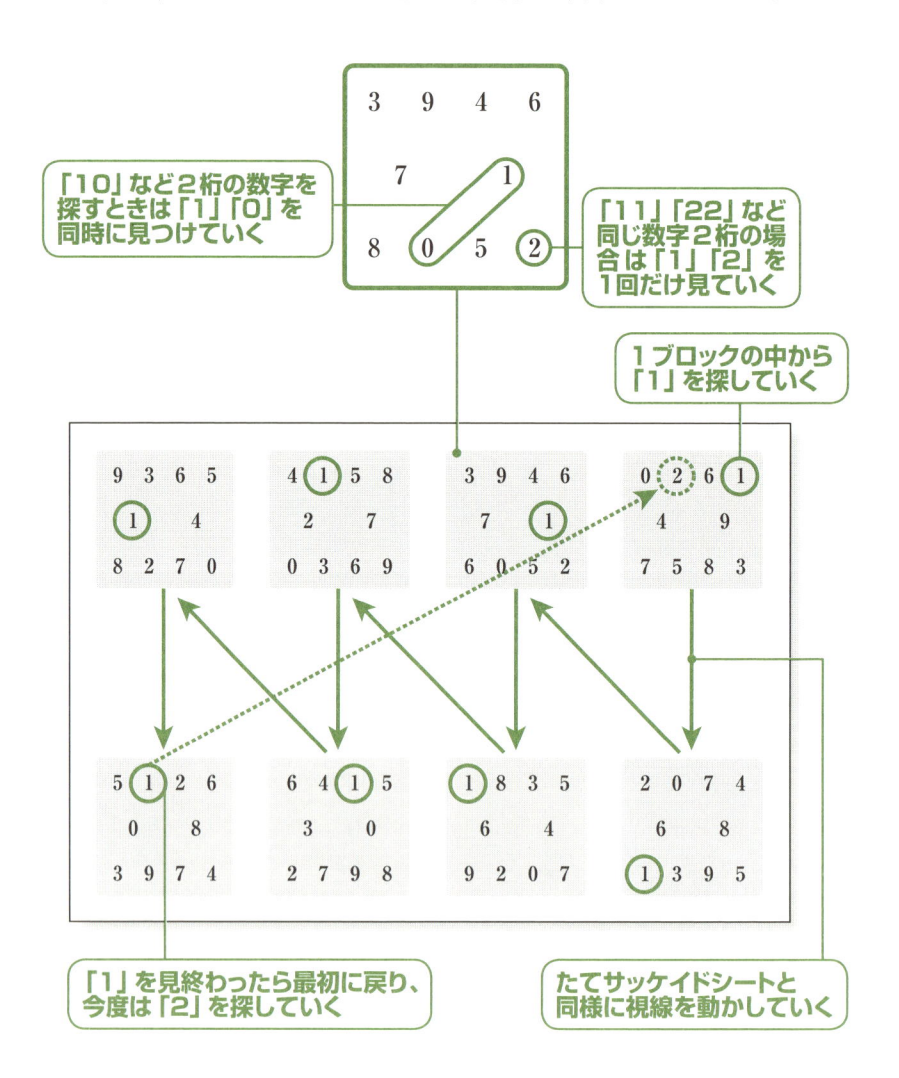

```
        3  9  4  6
           7    1
        8  0  5  2
```

「10」など2桁の数字を探すときは「1」「0」を同時に見つけていく

「11」「22」など同じ数字2桁の場合は「1」「2」を1回だけ見ていく

1ブロックの中から「1」を探していく

```
9 3 6 5     4 1 5 8     3 9 4 6     0 2 6 1
 1   4       2   7       7   1       4   9
8 2 7 0     0 3 6 9     6 0 5 2     7 5 8 3

5 1 2 6     6 4 1 5     1 8 3 5     2 0 7 4
 0   8       3   0       6   4       6   8
3 9 7 4     2 7 9 8     9 2 0 7     1 3 9 5
```

「1」を見終わったら最初に戻り、今度は「2」を探していく

たてサッケイドシートと同様に視線を動かしていく

EYE Training

記録カードの記入方法

	日付・訓練回 トレーニング名(記入法)	月 日 1日目	月 日 2日目	月 日 3日目
目を鍛えるトレーニング	カウント呼吸法(数)			
	たてサッケイドシート(数)			
	よこサッケイドシート(数)			
	ヘルマンシート(カウント数)			
	数字ランダムシート	・	・	・
	かなブロックパターンシート(ブロック数)	30		
	数字ブロックパターンシート(ブロック数)	20-7		
	漢数字一行パターンシート(行数)	(〇) (四)	(〇) (四)	(〇) (四)
	よこ一行ユニットブック(ブロック数)			
脳を磨くトレーニング	スピードチェック			
	スピードボード	/	/	/
	ロジカルテスト(正答数/解いた数)	/	/	/
		/40 /40	/40 /40	/40 /40

かなブロック数の数え方

8ブロック見終わることのできた文字の数×8＋途中まで探し出せたブロック数＝2分間に探せたブロック数

「え」の6ブロック目で終了
3×8＋6＝30

数字ブロック数の数え方

「20」の7ブロック目で終了
20（探していた数）−
7（探し出せたブロック数）

※記入例にある数字は初めてチャレンジする方の平均値です。
※記録カードはP.189〜P.190にあります。

ADVICE

ただ目を動かすだけという単純な運動ではなく、目を動かしながら（サッケイドしながら）、目的の文字（情報）を獲得していくことになり、脳の働きはより複雑になります。

2分間で、かなブロックパターンシートでは「こ」の8ブロック目の80が目標、数字ブロックパターンシートでは「40」の8ブロック目が目標です。はじめは、どちらも半分いくのも大変なはずです。

PART 2　EXERCISE 1

かなブロックパターンシート　2分

おもゑいえなけようほせゐ　　ぬちれうほめすとけゑもひ
こひゆへるやつむたぬすは　　やさたみかるのくろつよゐ
くしちみのさらんきそあま　　てわきえおりをこそはにい
にめわとろかてねりをふれ　　むんらなまゆへふせしねあ

みよれまこひとむたろのぬ　　ゐけなふるんきはのらむを
らさくけもほんえりふゑな　　えさまねゑおつとろめうせ
やゐそはきいうわつちるし　　れもしいほぬかちあすへく
ゆにをせあめおかすてねへ　　やひたみよわてゆにそりこ

れらそてりかへおたんわは　　あいうえおかきくけこさし
なゑにろもをまぬふえしき　　すせそたちつてとなにぬね
やよつゆのあけことほるち　　のはひふへほまみむめもや
くいむゐみねうさひせすめ　　ゆよらりるれろわゐゑをん

はをとせえれゆなそほやみ　　そるよとあかをこりれろへ
ゑわしおてからゐめようふ　　おのけもふちゐしつねはい
くるぬたけろんいへにすさ　　せやてらみたぬわなえんめ
りまのむねあちひきもこつ　　うさすまむほきゑひにくゆ

PART 2 EXERCISE 1

数字ブロックパターンシート　2分

7　9　0　2   1　3　2　9

　3　　5   7　　5

1　6　8　4   8　4　6　0

5　9　2　1   3　0　7　9

　8　　7   4　　1

6　4　0　3   5　6　8　2

6	5	1	7		0	3	5	4
	2		0			8		1
9	8	3	4		9	6	7	2

8	9	4	0		8	3	5	4
	2		6			9		1
5	1	7	3		6	0	2	7

PART 2 EXERCISE 1

本を見る感覚をつかむ
漢数字一行
パターンシート

15分間
体験メニュー
1分×2回
（〇、四を探す）

目標の漢数字を各行の中から次々と見つけ出し、行を進んで見ていきます。
1分間で漢数字をどれだけたくさん見ることができるか、
文字を広く見るトレーニングになります。

トレーニング目的

　注意範囲を行の形にすることで、目の使い方、**注意の向け方が、ふつうのページを見る感覚に近くなり、実際の読書に応用しやすくなります。**

　上達するにつれて、10行まとめて目的の文字が見つかったり、「〇」を見つける場合なら2段60個の「〇」が、まとめて見えてきたりします。

トレーニング方法　1分

　漢数字一行パターンシート（90行）は、1行の中に「〇」から「九」までの漢数字が不規則に並んでいます。

　まず、「〇」から始めますが、このシートの場合、他のシートと違って**90行見終わったら次の「一」にいくのではなく、また1行目に戻って「〇」を繰り返し見ていきます。**

　他の漢数字を見るときも同様に、同じ漢数字を繰り返し探していきます。

　本書の7日間トレーニングでは、前半の3日間は「〇」「四」で、後半の4日間は「三」「一」でトレーニングします。

EYE Training

漢数字一行パターンシートの文字の探し方

「〇」から見つける

同じ漢数字を繰り返し探していく

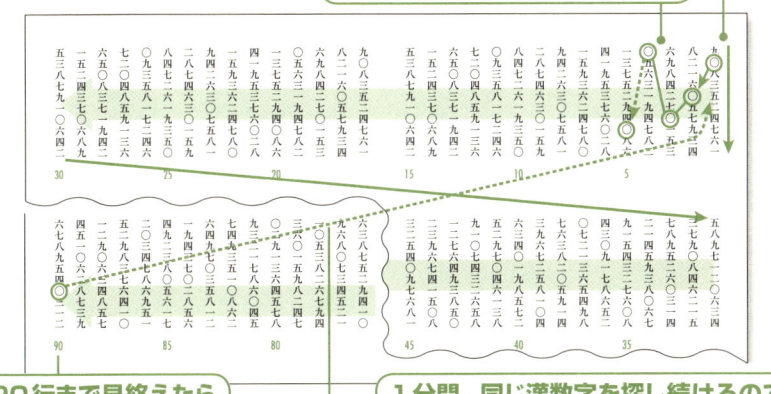

90行まで見終えたら最初の行に戻る

1分間、同じ漢数字を探し続けるので、1行目からまた「〇」を探す

記録カードの記入方法

1分間で見つけることができた行数

探す漢数字

行数の計算例
❶ 2回と14行まで見つけた
❷ 1回90行を2回と14行
❸ 90×2+14＝194行

※シートの下に示してある行数を参考に記録
※慣れてきて、90行を速く見終わるようになったら、見終えた回数を数えておけば簡単に計算できる

※記入例にある数字は初めてチャレンジする方の平均値です。
※記録カードはP.189～P.190にあります。

ADVICE

1行をすべて（他の文字まで）見る必要はありません。見つけたらどんどん先へ進んでください。探す漢数字の設定は自由ですが、最初は目に飛び込んできやすい「〇」「四」「三」などで行なうと効果的です。多少ラフな感覚がこのシートではとくに重要です。新聞や雑誌など1行が短いものを読むときに効果を感じることができます。「〇」「四」の目標は1,000、「三」「一」の目標は300です。

PART 2　EXERCISE 1

漢数字一行パターンシート　1分

○九四一二五八三七六
五七三一○二九六四八
三○二五一四六八七九
五六四三一二八七九○
九一八五三○六七四二
一○六八三七五二一九
三四七二○八五九八六
一七四二三○五二九四
六三七九五一○八四二
三三七一四八九五六○
○五一六三二八四九○
五二一四三八九七六○
三七一九八四二五○六
二五一七○三九六四八

20　　25　　30

四二六三九七○一八五
三一九八五二○六四七
九○八六三四七一五二
四八二○三九五七六一
八六三七五四○九一二
六四八○五一九三二七
九二四五○六七一八三
六五三○九二一一八三
二八三四九一五七六○
四一五八六九○七三二
七一○五二三九八六四
三七八○五六四二一
○八九五二六三一四七
九三○六一四二七五八

50　　55　　60

二四八三○九一五六七
六五九二八四○三七一
五六三一二○八四九七
○七六三二一八五四九
八九三六二○四一五四
八六七○一九四五二七
九三五二八○七一四三
八一二四九三七六五
四五六八七一○三九二
四九一○五三六八二七
六八三六四九八二一
六三一四二○五○七九
二三四八一六五○七九
○八三二七五四六九一

80　　85　　90

EYE Training

練習 5 / 10 / 15

15			10			5		
六	七	二	五	六	八	二	〇	九	九
九	九	三	一	三	四	六	七	六	
一	五	五	六	二	一	八	九	一	
〇	四	〇	八	一	〇	五	八	三	
七	二	七	二	九	九	四	三	八	
八	六	一	〇	五	二	七	二	四	
二	一	六	三	四	七	九	四	五	
四	〇	八	九	七	六	〇	五	二	
五	三	四	七	六	五	一	一	〇	
三	八	九	四	五	三	三	六	七	

練習 35 / 40 / 45

45			40			35		
四	一	二	四	六	三	一	八	九	四
〇	〇	八	九	八	七	四	五	二	六
八	六	一	二	三	八	三	七	三	二
二	三	七	六	五	五	七	九	〇	一
一	七	五	〇	一	二	八	六	八	七
六	五	四	一	二	一	六	五	六	九
三	九	六	三	四	七	一	二	五	五
七	四	九	七	九	六	四	三	一	〇
五	八	三	五	七	九	三	四	〇	八
九	二	五	八	〇	〇	七	五	二	三

練習 65 / 70 / 75

75			70			65		
三	六	〇	八	九	三	一	六	五	一	八	五	四
九	七	六	四	三	〇	八	四	八	七	七	三	六
六	〇	三	二	一	七	五	一	七	四	四	九	〇
二	五	四	〇	四	一	〇	八	四	〇	六	一	七
四	一	一	七	七	八	三	二	〇	七	一	二	一
五	九	二	五	五	二	三	七	九	五	〇	七	三
八	三	九	六	八	六	二	三	六	三	二	〇	二
一	二	五	一	〇	七	六	五	三	二	八	五	五
七	四	七	三	二	五	九	〇	二	六	三	〇	九
〇	八	八	九	六	九	四	九	七	〇	七	九	八

PART 2　EXERCISE 1

本を読み進めるコツをつかむ
よこ一行ユニットブック

8つの文で構成されたブロックが1ページに12ブロックあり、
各ブロックの文はそれぞれ配列が違うだけです。
このブロックの中から目標の文を次々に見つけていきます。

トレーニング目的

　ここでいうユニットとは、文字が組み合わされた"単位（ユニット）"としての、語・句・文を意味します。BTRメソッドにおける造語の1つです。
　ブロックパターンシートによって高められた反射的な文字認知の働きを前提として、語・句・さらに文単位の反射的な認知を可能にしようとするものです。**慣れるにつれて文単位で認知することの実感が出てきて、深みのあるトレーニングになります。**

トレーニング方法　2分

　まず、8つの行の中から自由に1つの文を選びます。時間内に、その文を1ブロック内から素早く探していきます。**漢数字一行パターンシートと違うのは、ページをめくって先へ進む点です。**
　6ページ全部見終わったら、1ページ目に戻り、また同じ文を探してページをめくっていきます。

EYE Training

よこ一行ユニットブックの文の探し方

左上の「1」番目のブロックの8つの文から探していく一文を決める

右欄にスライドしていき、ブロック番号の順に右下のブロックまで進む

1
おにいさんは東の村へ
おにいさんは東の町へ
おねえさんは東の町へ
おねえさんは南の町へ
おにいさんは南の町へ
おねえさんは南の村へ
おねえさんは東の村へ
おにいさんは南の村へ

2
おねえさんは東の村へ
おねえさんは南の村へ
おにいさんは東の村へ
おにいさんは東の村へ
おねえさんは東の村へ
おにいさんは南の村へ
おねえさんは南の村へ
おにいさんは南の村へ

3
おねえさんは東の町へ
おにいさんは東の町へ
おにいさんは東の町へ
おねえさんは東の町へ
おにいさんは東の町へ
おねえさんは南の町へ
おにいさんは南の町へ
おにいさんは東の村へ

4
おねえさんは南の村へ
おにいさんは南の町へ
おねえさんは東の町へ
おねえさんは東の村へ
おねえさんは南の町へ
おにいさんは東の村へ
おにいさんは南の村へ
おにいさんは東の町へ

5
おにいさんは南の町へ
おにいさんは東の町へ
おねえさんは東の村へ
おにいさんは南の村へ
おねえさんは南の村へ
おにいさんは東の村へ
おねえさんは南の町へ
おねえさんは東の町へ

6
おにいさんは東の村へ
おねえさんは東の村へ
おにいさんは南の町へ
おねえさんは東の村へ
おにいさんは南の村へ
おにいさんは東の町へ
おねえさんは南の村へ
おねえさんは南の町へ

7
おにいさんは東の村へ
おにいさんは東の村へ
おにいさんは南の村へ
おねえさんは東の村へ
おねえさんは南の村へ
おにいさんは東の町へ
おねえさんは東の村へ
おねえさんは南の村へ

8
おねえさんは東の町へ
おねえさんは南の村へ
おねえさんは東の村へ
おねえさんは東の村へ
おねえさんは南の村へ
おねえさんは南の村へ
おにいさんは東の村へ
おねえさんは南の町へ

9
おにいさんは南の町へ
おねえさんは東の村へ
おねえさんは東の町へ
おにいさんは東の町へ
おにいさんは東の村へ
おにいさんは南の村へ
おねえさんは南の町へ
おねえさんは南の村へ

10
おねえさんは東の町へ
おねえさんは南の町へ
おねえさんは東の町へ
おねえさんは南の町へ
おねえさんは南の村へ
おねえさんは東の村へ
おにいさんは東の村へ
おにいさんは南の町へ

11
おねえさんは南の村へ
おにいさんは東の村へ
おねえさんは南の村へ
おねえさんは東の村へ
おねえさんは南の村へ
おねえさんは東の村へ
おねえさんは南の村へ
おねえさんは東の村へ

12
おにいさんは南の村へ
おねえさんは東の町へ
おねえさんは東の村へ
おねえさんは南の村へ
おねえさんは南の村へ
おにいさんは東の村へ
おねえさんは東の村へ
おにいさんは南の町へ

次のページのブロックに進む

PART 2 EXERCISE 1

記録カードの記入方法

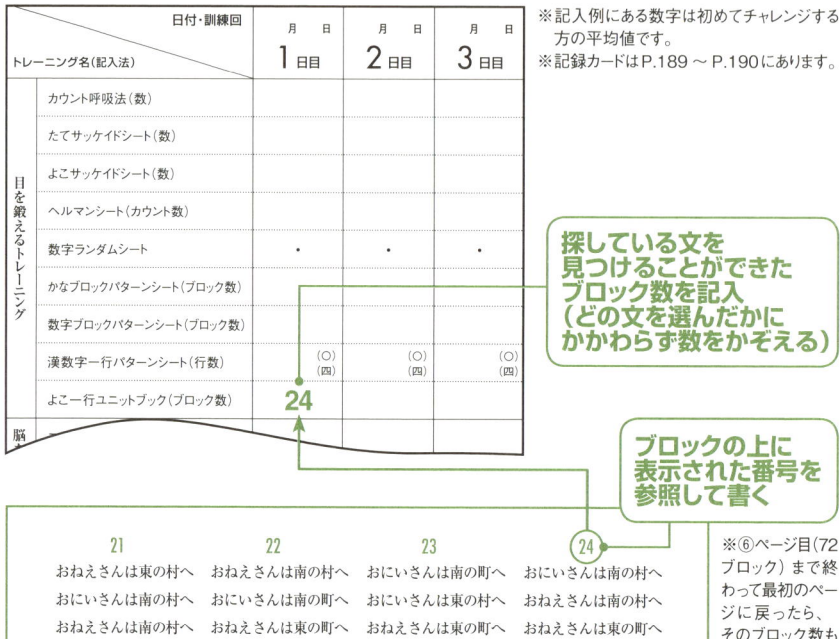

トレーニング名(記入法)	日付・訓練回	月 日 1日目	月 日 2日目	月 日 3日目
目を鍛えるトレーニング	カウント呼吸法(数)			
	たてサッケイドシート(数)			
	よこサッケイドシート(数)			
	ヘルマンシート(カウント数)			
	数字ランダムシート	・	・	・
	かなブロックパターンシート(ブロック数)			
	数字ブロックパターンシート(ブロック数)			
	漢数字一行パターンシート(行数)	(〇)(四)	(〇)(四)	(〇)(四)
	よこ一行ユニットブック(ブロック数)	24		
脳				

※記入例にある数字は初めてチャレンジする方の平均値です。
※記録カードはP.189〜P.190にあります。

探している文を見つけることができたブロック数を記入(どの文を選んだかにかかわらず数をかぞえる)

ブロックの上に表示された番号を参照して書く

21	22	23	24
おねえさんは東の村へ	おねえさんは南の村へ	おにいさんは南の町へ	おにいさんは南の村へ
おにいさんは南の村へ	おにいさんは南の町へ	おにいさんは東の村へ	おねえさんは南の村へ
おねえさんは南の村へ	おねえさんは東の町へ	おねえさんは東の町へ	おねえさんは東の町へ
おにいさんは東の町へ	おねえさんは東の村へ	おにいさんは南の村へ	おにいさんは東の町へ
おねえさんは東の町へ	おにいさんは東の町へ	おにいさんは東の村へ	おねえさんは東の村へ
おにいさんは東の村へ	おねえさんは東の村へ	おねえさんは南の村へ	おにいさんは南の村へ
おねえさんは南の町へ	おにいさんは南の村へ	おにいさんは東の町へ	おにいさんは東の村へ
おにいさんは南の町へ	おねえさんは南の村へ	おにいさんは南の村へ	おねえさんは南の町へ

※⑥ページ目(72ブロック)まで終わって最初のページに戻ったら、そのブロック数も足して記入する。例)⑥ページまで終わり、①ページ目の8ブロックまで探せた→72+8=80と記入

ADVICE

目的とする文が見つかったら、すぐに次のブロックに移ります。すべての文（ブロック内の他の7つの文）を読む必要はありません。

よこ組みの本、社内文書、メールなどを速読するには最も役立つトレーニングで、速読のコツを一番つかみやすいはずです。

上から1行ずつ見ていたのが、（ブロック全体を）パッと見てすぐにわかるようになります。目標は80です。

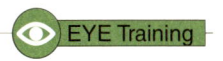

よこ一行ユニットブック ❶ 2分

1
おにいさんは南の町へ
おにいさんは南の村へ
おにいさんは東の町へ
おにいさんは東の村へ
おねえさんは南の町へ
おねえさんは南の村へ
おねえさんは東の町へ
おねえさんは東の村へ

2
おねえさんは東の町へ
おねえさんは南の村へ
おねえさんは東の村へ
おにいさんは東の町へ
おにいさんは南の町へ
おにいさんは東の村へ
おにいさんは南の村へ
おねえさんは南の町へ

3
おにいさんは東の村へ
おねえさんは南の町へ
おねえさんは東の町へ
おねえさんは東の村へ
おにいさんは南の町へ
おねえさんは南の村へ
おねえさんは東の町へ
おにいさんは南の村へ

4
おねえさんは南の村へ
おにいさんは南の町へ
おにいさんは東の村へ
おにいさんは南の村へ
おねえさんは東の町へ
おねえさんは東の村へ
おねえさんは南の町へ
おにいさんは東の村へ

5
おにいさんは南の町へ
おねえさんは南の町へ
おねえさんは東の村へ
おにいさんは東の町へ
おにいさんは東の村へ
おにいさんは南の村へ
おねえさんは東の町へ
おねえさんは南の村へ

6
おにいさんは南の村へ
おにいさんは南の町へ
おにいさんは東の町へ
おにいさんは東の村へ
おねえさんは南の村へ
おねえさんは南の町へ
おねえさんは東の村へ
おねえさんは東の町へ

7
おねえさんは東の村へ
おねえさんは南の町へ
おねえさんは東の町へ
おにいさんは南の村へ
おにいさんは南の町へ
おにいさんは南の村へ
おにいさんは東の町へ
おにいさんは東の村へ

8
おねえさんは南の町へ
おにいさんは南の村へ
おねえさんは東の村へ
おにいさんは東の町へ
おにいさんは東の村へ
おねえさんは南の村へ
おねえさんは南の町へ
おにいさんは東の町へ

9
おにいさんは東の町へ
おねえさんは東の村へ
おねえさんは南の町へ
おねえさんは南の村へ
おにいさんは南の村へ
おにいさんは東の村へ
おねえさんは東の町へ
おにいさんは南の町へ

10
おねえさんは南の村へ
おにいさんは東の町へ
おねえさんは南の村へ
おにいさんは東の村へ
おにいさんは東の町へ
おにいさんは南の町へ
おねえさんは東の村へ
おにいさんは南の村へ

11
おにいさんは東の村へ
おねえさんは東の村へ
おにいさんは南の村へ
おにいさんは南の町へ
おねえさんは南の町へ
おにいさんは東の町へ
おねえさんは東の町へ
おねえさんは南の町へ

12
おねえさんは東の町へ
おにいさんは南の町へ
おにいさんは南の町へ
おにいさんは南の村へ
おにいさんは東の村へ
おにいさんは南の村へ
おにいさんは東の町へ
おねえさんは東の村へ

PART 2　EXERCISE 1

よこ一行ユニットブック ❷　2分

13
おにいさんは東の村へ
おにいさんは南の村へ
おにいさんは東の町へ
おねえさんは南の町へ
おねえさんは東の村へ
おにいさんは南の町へ
おねえさんは東の町へ
おねえさんは南の村へ

14
おにいさんは南の町へ
おねえさんは東の町へ
おねえさんは南の町へ
おにいさんは南の村へ
おねえさんは東の村へ
おねえさんは南の村へ
おにいさんは東の町へ
おにいさんは東の村へ

15
おにいさんは南の村へ
おねえさんは東の村へ
おにいさんは東の町へ
おにいさんは南の町へ
おねえさんは南の村へ
おねえさんは南の町へ
おにいさんは東の村へ
おねえさんは東の町へ

16
おにいさんは南の村へ
おねえさんは南の町へ
おねえさんは東の町へ
おにいさんは東の町へ
おねえさんは東の村へ
おねえさんは南の村へ
おにいさんは東の村へ
おにいさんは南の村へ

17
おにいさんは南の町へ
おねえさんは東の村へ
おにいさんは東の村へ
おにいさんは南の村へ
おねえさんは南の町へ
おねえさんは東の町へ
おねえさんは南の村へ
おにいさんは東の町へ

18
おねえさんは東の村へ
おねえさんは東の村へ
おにいさんは東の町へ
おにいさんは南の町へ
おにいさんは東の村へ
おにいさんは南の村へ
おねえさんは南の村へ
おねえさんは南の村へ

19
おねえさんは南の村へ
おにいさんは東の村へ
おねえさんは南の町へ
おにいさんは南の村へ
おにいさんは東の町へ
おねえさんは南の町へ
おねえさんは東の村へ
おねえさんは東の町へ

20
おねえさんは南の町へ
おにいさんは南の村へ
おにいさんは東の村へ
おにいさんは南の町へ
おにいさんは東の村へ
おにいさんは東の村へ
おねえさんは東の町へ
おねえさんは南の村へ

21
おにいさんは東の村へ
おねえさんは南の村へ
おねえさんは東の村へ
おにいさんは東の町へ
おにいさんは南の村へ
おにいさんは南の町へ
おにいさんは東の町へ
おねえさんは南の町へ

22
おにいさんは東の町へ
おにいさんは東の町へ
おにいさんは東の村へ
おにいさんは南の村へ
おねえさんは南の町へ
おねえさんは南の村へ
おねえさんは南の村へ
おねえさんは東の村へ

23
おねえさんは南の町へ
おねえさんは南の村へ
おにいさんは東の村へ
おにいさんは南の町へ
おねえさんは東の村へ
おねえさんは東の村へ
おにいさんは南の村へ
おにいさんは東の村へ

24
おにいさんは南の町へ
おねえさんは南の村へ
おにいさんは東の村へ
おねえさんは南の村へ
おねえさんは東の町へ
おにいさんは東の村へ
おにいさんは東の町へ
おねえさんは南の町へ

EYE Training

よこ一行ユニットブック ❸ | 2分

25
おにいさんは南の町へ
おにいさんは東の町へ
おにいさんは南の村へ
おねえさんは南の村へ
おにいさんは東の村へ
おねえさんは東の村へ
おねえさんは東の町へ
おねえさんは南の町へ

26
おねえさんは東の町へ
おにいさんは南の町へ
おねえさんは南の町へ
おにいさんは南の村へ
おにいさんは東の町へ
おにいさんは東の村へ
おねえさんは南の村へ
おねえさんは東の村へ

27
おねえさんは東の町へ
おねえさんは南の町へ
おねえさんは南の村へ
おにいさんは南の町へ
おにいさんは東の町へ
おにいさんは東の村へ
おにいさんは東の町へ
おにいさんは南の村へ

28
おにいさんは南の町へ
おねえさんは東の町へ
おにいさんは東の村へ
おにいさんは南の村へ
おにいさんは東の村へ
おねえさんは南の町へ
おねえさんは東の村へ
おねえさんは南の村へ

29
おにいさんは東の町へ
おにいさんは東の村へ
おねえさんは南の町へ
おにいさんは南の村へ
おねえさんは東の村へ
おねえさんは東の町へ
おねえさんは南の村へ
おにいさんは南の村へ

30
おにいさんは東の村へ
おねえさんは南の町へ
おにいさんは南の町へ
おねえさんは南の町へ
おねえさんは東の町へ
おにいさんは東の町へ
おにいさんは東の町へ
おにいさんは南の村へ

31
おねえさんは東の町へ
おにいさんは南の村へ
おにいさんは東の町へ
おにいさんは東の村へ
おにいさんは南の町へ
おにいさんは東の村へ
おにいさんは東の村へ
おにいさんは南の町へ

32
おねえさんは東の村へ
おにいさんは南の村へ
おねえさんは東の町へ
おにいさんは南の村へ
おにいさんは南の村へ
おにいさんは東の村へ
おねえさんは南の村へ
おにいさんは東の村へ

33
おねえさんは東の村へ
おねえさんは南の町へ
おねえさんは南の村へ
おにいさんは南の村へ
おねえさんは東の村へ
おにいさんは南の町へ
おにいさんは東の町へ
おにいさんは東の村へ

34
おにいさんは東の町へ
おにいさんは東の町へ
おねえさんは南の町へ
おねえさんは東の町へ
おにいさんは南の村へ
おにいさんは南の町へ
おねえさんは南の町へ
おねえさんは東の村へ

35
おにいさんは南の村へ
おねえさんは南の町へ
おねえさんは東の村へ
おねえさんは東の村へ
おねえさんは南の町へ
おねえさんは南の町へ
おにいさんは東の村へ
おにいさんは東の村へ

36
おねえさんは東の村へ
おにいさんは東の村へ
おにいさんは南の村へ
おにいさんは南の村へ
おねえさんは南の村へ
おにいさんは南の町へ
おにいさんは東の町へ
おねえさんは南の村へ

PART 2 EXERCISE 1

よこ一行ユニットブック ❹　2分

37
おねえさんは東の村へ
おにいさんは東の町へ
おにいさんは東の村へ
おねえさんは東の町へ
おにいさんは南の村へ
おねえさんは南の町へ
おにいさんは南の町へ
おねえさんは南の村へ

38
おねえさんは南の町へ
おにいさんは東の町へ
おねえさんは南の村へ
おねえさんは東の町へ
おにいさんは東の町へ
おねえさんは東の町へ
おにいさんは南の町へ
おねえさんは南の村へ

39
おにいさんは東の村へ
おねえさんは東の町へ
おねえさんは南の町へ
おにいさんは南の村へ
おにいさんは東の町へ
おねえさんは東の町へ
おねえさんは東の町へ
おねえさんは南の村へ

40
おねえさんは東の村へ
おにいさんは南の村へ
おねえさんは東の村へ
おにいさんは南の村へ
おにいさんは東の村へ
おねえさんは南の村へ
おねえさんは東の村へ

41
おにいさんは南の村へ
おねえさんは東の村へ
おねえさんは東の町へ
おねえさんは南の町へ
おにいさんは南の村へ
おにいさんは東の村へ
おにいさんは東の町へ

42
おにいさんは東の町へ
おねえさんは東の町へ
おねえさんは東の村へ
おねえさんは東の町へ
おねえさんは南の町へ
おねえさんは南の村へ
おねえさんは南の村へ

43
おにいさんは東の町へ
おねえさんは南の町へ
おねえさんは東の村へ
おねえさんは東の村へ
おねえさんは東の町へ
おねえさんは東の村へ
おねえさんは東の町へ

44
おねえさんは東の村へ
おにいさんは南の町へ
おにいさんは南の町へ
おねえさんは南の町へ
おねえさんは南の町へ
おにいさんは東の村へ
おにいさんは東の村へ
おねえさんは南の町へ

45
おにいさんは南の町へ
おにいさんは東の町へ
おにいさんは東の村へ
おねえさんは南の町へ
おねえさんは東の町へ
おねえさんは東の村へ
おねえさんは南の町へ
おにいさんは南の村へ

46
おにいさんは南の町へ
おねえさんは東の村へ
おにいさんは東の村へ
おにいさんは東の町へ
おねえさんは東の町へ
おねえさんは南の村へ
おねえさんは南の町へ
おにいさんは南の村へ

47
おねえさんは南の村へ
おにいさんは東の町へ
おねえさんは南の町へ
おにいさんは東の村へ
おねえさんは東の村へ
おねえさんは東の村へ
おねえさんは南の町へ
おにいさんは南の村へ

48
おねえさんは東の村へ
おにいさんは東の町へ
おにいさんは東の村へ
おねえさんは南の町へ
おねえさんは東の村へ
おにいさんは南の村へ
おねえさんは南の村へ
おねえさんは南の町へ

よこ一行ユニットブック ❺ 2分

49
おねえさんは東の町へ
おねえさんは東の村へ
おねえさんは南の町へ
おにいさんは東の町へ
おにいさんは南の村へ
おねえさんは南の村へ
おにいさんは南の町へ
おにいさんは東の村へ

50
おにいさんは東の町へ
おにいさんは東の村へ
おねえさんは南の村へ
おにいさんは南の村へ
おねえさんは東の村へ
おねえさんは東の町へ
おねえさんは南の町へ
おねえさんは南の町へ

51
おねえさんは南の町へ
おねえさんは東の村へ
おにいさんは東の村へ
おにいさんは東の町へ
おにいさんは東の町へ
おにいさんは東の町へ
おねえさんは南の村へ
おにいさんは南の村へ

52
おにいさんは東の村へ
おにいさんは南の町へ
おにいさんは南の町へ
おねえさんは南の村へ
おねえさんは東の町へ
おにいさんは南の町へ
おねえさんは南の町へ
おねえさんは東の村へ

53
おにいさんは南の村へ
おねえさんは南の村へ
おねえさんは東の村へ
おにいさんは東の町へ
おねえさんは東の町へ
おねえさんは南の町へ
おにいさんは東の村へ
おにいさんは南の町へ

54
おにいさんは南の町へ
おねえさんは南の村へ
おにいさんは東の町へ
おにいさんは東の町へ
おにいさんは南の村へ
おにいさんは東の村へ
おねえさんは東の村へ
おにいさんは東の町へ

55
おねえさんは南の村へ
おにいさんは東の村へ
おにいさんは東の村へ
おねえさんは東の村へ
おねえさんは南の村へ
おにいさんは東の村へ
おねえさんは南の町へ
おねえさんは南の町へ

56
おにいさんは東の町へ
おねえさんは南の町へ
おねえさんは南の町へ
おねえさんは南の町へ
おねえさんは東の町へ
おねえさんは南の町へ
おねえさんは東の村へ
おねえさんは南の村へ

57
おにいさんは東の町へ
おにいさんは東の村へ
おねえさんは南の町へ
おにいさんは南の町へ
おにいさんは東の村へ
おねえさんは東の町へ
おにいさんは南の村へ
おねえさんは南の村へ

58
おにいさんは東の村へ
おねえさんは南の村へ
おにいさんは東の村へ
おねえさんは南の村へ
おねえさんは南の村へ
おねえさんは東の町へ
おねえさんは東の町へ
おにいさんは南の町へ

59
おにいさんは南の町へ
おにいさんは東の町へ
おねえさんは東の村へ
おねえさんは東の町へ
おねえさんは東の村へ
おねえさんは東の村へ
おねえさんは南の町へ
おにいさんは東の村へ

60
おにいさんは南の村へ
おねえさんは南の村へ
おねえさんは東の町へ
おねえさんは東の村へ
おねえさんは東の村へ
おねえさんは東の村へ
おにいさんは南の町へ
おねえさんは南の町へ

PART 2 — EXERCISE 1

よこ一行ユニットブック ⑥　2分

61
おにいさんは東の村へ
おねえさんは東の村へ
おにいさんは南の町へ
おにいさんは南の村へ
おねえさんは東の町へ
おねえさんは南の町へ
おねえさんは南の村へ
おにいさんは東の町へ

62
おにいさんは南の町へ
おにいさんは東の町へ
おにいさんは東の町へ
おねえさんは東の村へ
おにいさんは南の村へ
おねえさんは南の村へ
おねえさんは東の町へ
おねえさんは南の町へ

63
おねえさんは南の村へ
おにいさんは東の町へ
おねえさんは東の村へ
おねえさんは南の村へ
おにいさんは東の村へ
おにいさんは南の町へ
おにいさんは南の町へ
おにいさんは南の村へ

64
おにいさんは南の村へ
おにいさんは東の町へ
おねえさんは東の町へ
おねえさんは南の村へ
おにいさんは南の村へ
おにいさんは東の村へ
おねえさんは東の村へ

65
おにいさんは南の町へ
おねえさんは東の村へ
おにいさんは東の村へ
おねえさんは東の村へ
おにいさんは南の村へ
おにいさんは東の町へ
おねえさんは南の町へ
おねえさんは南の村へ

66
おねえさんは南の町へ
おねえさんは東の町へ
おねえさんは南の村へ
おにいさんは南の村へ
おにいさんは東の村へ
おにいさんは南の町へ
おにいさんは東の町へ
おねえさんは東の村へ

67
おにいさんは東の村へ
おにいさんは東の町へ
おねえさんは南の町へ
おねえさんは東の村へ
おにいさんは東の村へ
おにいさんは南の村へ
おにいさんは南の町へ
おにいさんは南の町へ

68
おねえさんは南の村へ
おねえさんは東の村へ
おにいさんは東の村へ
おねえさんは南の村へ
おにいさんは南の村へ
おねえさんは東の町へ
おにいさんは東の町へ

69
おねえさんは東の村へ
おにいさんは南の町へ
おにいさんは東の町へ
おにいさんは東の村へ
おねえさんは南の村へ
おねえさんは南の村へ
おねえさんは東の町へ
おにいさんは南の村へ

70
おにいさんは東の町へ
おねえさんは南の村へ
おねえさんは南の村へ
おねえさんは東の村へ
おにいさんは南の村へ
おにいさんは南の村へ
おねえさんは東の町へ
おにいさんは東の村へ

71
おねえさんは南の村へ
おにいさんは東の町へ
おねえさんは南の村へ
おにいさんは南の村へ
おねえさんは南の町へ
おねえさんは東の村へ
おねえさんは東の町へ
おにいさんは東の村へ

72
おにいさんは南の町へ
おにいさんは南の村へ
おねえさんは南の町へ
おねえさんは東の町へ
おにいさんは東の町へ
おにいさんは東の村へ
おねえさんは東の町へ
おねえさんは南の村へ

EXERCISE 2

BRAIN Training
脳を磨く
トレーニング
読書内容に集中する

エクササイズ2で紹介するのは、
より複雑な文字情報を素早く処理し、
脳の情報処理能力をブラッシュアップする
トレーニングです。
読書内容へ集中していくための力を
無理なく向上させるメニューになっています。

PART 2 EXERCISE 2

広く見ると同時に手を使う
スピードチェック

15分間
体験メニュー
1分

ここで取り上げるスピードチェックの種類は、方角（漢字）と英単語の2種類です。最初に指定された方角（漢字）や英単語と同じものを素早く見つけ出していくトレーニングです。

トレーニング目的

　広く見ながら目と手を使ってリズムよくチェックしていきます。それと同時に、「より正確に」という要素を意識します。
　ある意味では単純なトレーニングですが、このトレーニングは子供から大人まで、集中力をアップさせるという意味では非常に効果的なものです。
　文字を読んでいくという感覚よりも、形を見ていくという感覚を優先させてください。

トレーニング方法　1分

　左側のゴシック（太字）で書かれている方角（漢字）や英単語と同じものを、右側の8個から素早く見つけ出し○印をつけていきます。○印はていねいでなくてもよいのですが、**条件、状況をそろえるため必ず○印にして**ください。

同じ方角（漢字）を探していく

　次から次へと同じ方角（漢字）にマーキングしていきます。目で見たものを素早く手に伝えます。

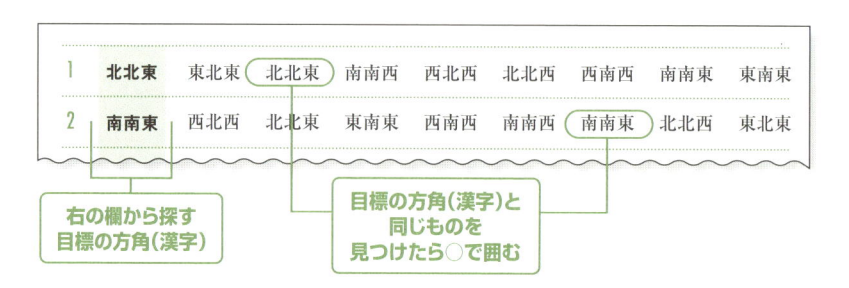

1	**北北東**	東北東	(北北東)	南南西	西北西	北北西	西南西	南南東	東南東
2	**南南東**	西北西	北北東	東南東	西南西	南南西	(南南東)	北北西	東北東

右の欄から探す
目標の方角（漢字）

目標の方角（漢字）と
同じものを
見つけたら○で囲む

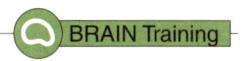

同じ英単語を探していく

英語の速読に効果的なトレーニングです。もし、いきなり35をクリアできたなら、かなり英文に慣れているといえます。

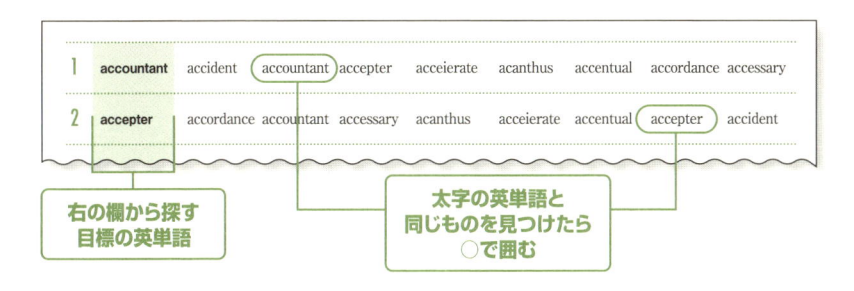

1	**accountant**	accident	(accountant)	accepter	acceierate	acanthus	accentual	accordance	accessary
2	**accepter**	accordance	accountant	accessary	acanthus	acceierate	accentual	(accepter)	accident

- 右の欄から探す目標の英単語
- 太字の英単語と同じものを見つけたら○で囲む

記録カードの記入方法

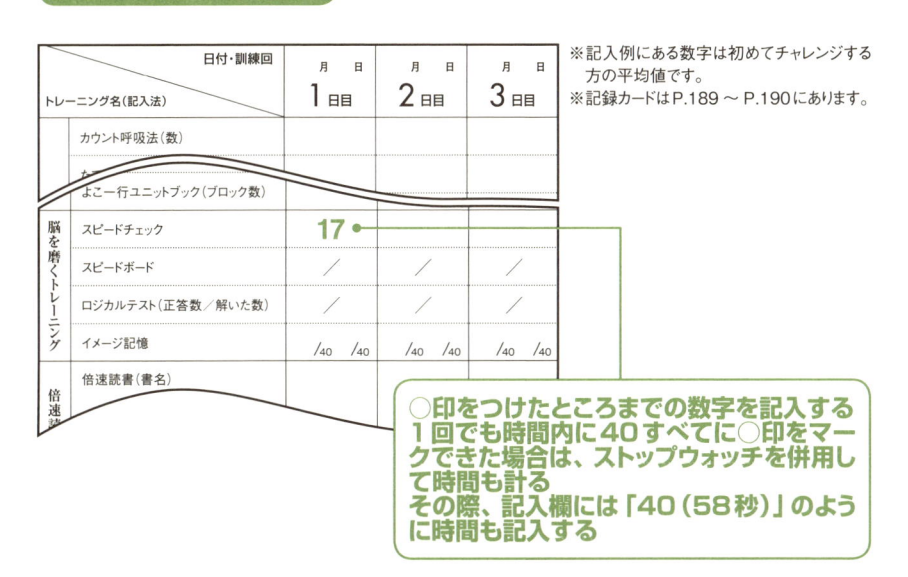

	日付・訓練回	月 日 1日目	月 日 2日目	月 日 3日目
トレーニング名(記入法)				
脳を磨くトレーニング	カウント呼吸法(数)			
	よこ一行ユニットブック(ブロック数)			
	スピードチェック	17		
	スピードボード	/	/	/
	ロジカルテスト(正答数／解いた数)	/	/	/
	イメージ記憶	/40 /40	/40 /40	/40 /40
倍速読書	倍速読書(書名)			

※記入例にある数字は初めてチャレンジする方の平均値です。
※記録カードはP.189～P.190にあります。

- ○印をつけたところまでの数字を記入する
- 1回でも時間内に40すべてに○印をマークできた場合は、ストップウォッチを併用して時間も計る
- その際、記入欄には「40(58秒)」のように時間も記入する

ADVICE

1文字、1文字を鉛筆でなぞって進めても、スピードは上がりません。あくまでも「広く見る」「ひとつでも先へ進む」「形を見ていく」という姿勢で取り組みましょう。

注意力や集中力、事務処理能力の向上など、応用範囲が広いものです。目標はとりあえず、1分間に30です。

PART 2 EXERCISE 2

スピードチェック ❶ 1分

#									
1	**西南西**	南南西	東北東	東南東	北北西	西北西	北北東	南南東	西南西
2	**西北西**	北北西	西南西	西北西	北北東	南南西	東南東	南南東	東北東
3	**西北西**	西北西	北北東	東南東	南南西	南南東	北北西	東北東	西南西
4	**東南東**	西南西	北北東	東南東	北北西	南南東	南南東	西北西	東北東
5	**北北西**	南南西	西北西	東南東	北北東	北北西	西南西	東北東	南南東
6	**東南東**	西北西	西南西	南南東	北北東	東南東	南南西	東北東	北北西
7	**東北東**	北北東	北北西	西南西	南南西	南南東	南南東	東北東	西北西
8	**南南西**	南南東	東南東	東北東	北北東	西北西	南南東	西南西	北北西
9	**北北東**	南南西	東南東	北北西	東北東	北北東	西北西	西南西	南南東
10	**西南西**	東南東	東北東	西北西	南南東	西南西	北北東	北北西	南南西
11	**南南西**	北北西	北北東	南南東	西北西	西南西	南南東	東南東	東北東
12	**東北東**	南南西	東北東	北北西	西北西	東南東	北北東	南南東	西南西
13	**西北西**	東南東	北北東	西北西	東北東	西南西	南南東	北北西	南南西
14	**南南西**	東南東	北北東	南南東	北北西	南南西	東北東	西北西	西南西
15	**北北西**	北北西	東北東	北北東	東南東	西北西	西南西	南南西	南南東
16	**西北西**	北北東	南南西	東南東	南南東	西南西	西北西	北北西	東北東
17	**東北東**	西北西	西南西	東南東	北北西	東北東	北北東	南南西	南南東
18	**北北西**	東北東	南南東	東南東	北北西	北北東	西北西	南南東	西南西
19	**西南西**	西南西	西北西	北北西	南南東	南南東	北北東	東北東	南南東
20	**南南東**	北北東	西北西	北北西	西南西	南南東	東北東	東南東	南南西

21	南南西	東北東	南南西	東南東	西北西	南南東	北北東	北北西	西南西
22	北北東	北北東	東南東	南南東	東北東	西北西	南南西	北北東	西北西
23	西南西	西北西	南南西	西南西	北北西	北北東	東南東	南南東	東北東
24	東北東	南南東	北北東	西南西	南南西	東南東	東北東	北北西	西北西
25	北北西	東南東	南南東	西北西	西南西	東北東	北北東	南南東	北北西
26	東南東	北北東	西北西	西南西	北北西	南南東	東北東	東南東	南南西
27	北北西	南南東	北北東	北北東	西北西	西南西	東南東	東北東	南南西
28	南南東	西南西	北北東	南南東	東北東	南南東	西北西	北北東	南南西
29	東南東	南南西	北北東	南南東	東北東	西北西	北北東	西南西	東南東
30	西南西	東南東	北北東	南南西	西南西	南南東	東北東	西北西	北北西
31	南南西	北北東	西南西	東南東	西北西	北北西	東北東	南南西	南南東
32	北北東	東北東	北北東	南南西	西南西	北北西	西南西	南南東	東南東
33	東南東	北北東	西北西	西南西	南南東	東南東	南南西	北北西	東北東
34	北北東	北北東	東南東	北北東	南南東	東北東	西北西	西南西	南南西
35	南南東	西南西	北北東	東南東	南南西	南南東	南南西	北北西	東北東
36	東南東	南南西	西南西	北北東	西北西	北北東	東南東	南南東	東北東
37	東北東	南南西	西南西	東北東	西北西	南南東	北北東	東南東	北北西
38	西南西	北北東	西南西	東北東	南南東	西北西	北北東	南南西	南南東
39	西北西	東北東	西南西	南南西	西南西	北北西	北北東	東南東	南南東
40	西南西	南南西	北北東	南南東	北北東	西南西	東北東	西北西	東南東

PART 2 — EXERCISE 2

スピードチェック ❷　1分

1	東北東	南南西	西南西	南南東	東南東	東北東	北北西	北北東	西北西
2	東南東	西北西	東南東	東北東	北北東	北北西	南南西	南南東	西南西
3	南南西	西北西	北北東	南南西	西南西	南南東	東北東	東南東	北北西
4	北北東	南南西	北北西	西南西	西北西	南南東	北北東	東南東	東北東
5	北北西	北北東	西北西	北北西	東南東	西南西	東北東	南南東	南南西
6	東南東	西南西	北北東	東南東	西北西	北北西	南南東	東北東	南南西
7	北北東	北北東	南南東	東北東	西南西	西北西	南南西	北北西	東南東
8	南南東	西北西	西南西	北北東	南南東	東南東	北北西	南南西	東北東
9	西北西	西南西	西北西	南南西	東南東	南南東	北北西	東北東	北北東
10	南南東	南南東	西北西	北北東	北北西	東北東	東南東	西南西	南南西
11	東南東	南南西	北北西	西北西	東北東	西南西	北北東	東南東	南南東
12	南南西	北北東	南南西	北北西	南南東	東南東	西南西	西北西	東北東
13	西南西	北北東	東北東	北北西	西南西	南南東	西北西	東南東	南南西
14	東北東	西北西	西南西	南南東	北北西	東南東	南南西	東北東	北北東
15	東南東	西北西	東北東	南南東	南南西	北北東	北北西	東北東	西南西
16	北北東	西北西	南南西	北北西	南南東	北北東	東北東	東南東	西南西
17	西北西	西北西	北北西	南南東	南南西	東北東	東南東	北北東	西南西
18	西南西	南南東	東南東	北北西	西南西	北北東	南南西	西北西	東北東
19	東北東	北北東	北北西	西北西	西南西	南南東	東北東	南南東	南南西
20	南南西	東北東	北北西	北北東	西南西	南南東	西北西	東南東	南南西

21	東南東	南南東	北北東	西北西	北北西	南南西	東南東	東北東	西南西
22	北北東	西南西	北北東	西北西	南南東	北北西	東北東	南南西	東南東
23	西北西	南南東	東北東	南南西	北北西	東南東	西南西	西北西	北北東
24	北北西	西南西	東南東	南南西	北北西	南南東	北北西	東北東	西北西
25	東北東	東北東	東南東	南南東	北北西	西南西	南南東	西北西	北北西
26	南南東	東南東	南南東	東北東	北北西	西南東	南南東	北北西	西北西
27	北北東	南南西	西南西	南南東	東南東	北北西	東北東	北北西	西北西
28	北北西	東南東	東北東	西北西	南南東	北北東	西南東	南南東	北北西
29	西南西	北北東	南南東	南南東	東南東	西南東	北北東	西北西	東北東
30	東南東	北北西	東南東	北北東	東北東	西南東	南南東	西北西	南南東
31	北北西	南南東	北北西	南南東	西北西	東北東	南南東	北北東	西北西
32	北北東	北北東	北北西	西南西	西北西	東北東	南南東	南南東	東南東
33	南南西	南南西	南南東	西北西	北北西	西南東	東北東	北北西	東北東
34	南南東	南南東	西北西	西南西	北北西	東北東	東南東	北北西	南南西
35	西南西	西南西	北北西	西北西	東北東	南南東	東南東	北北西	南南東
36	北北西	南南東	西北西	東北東	西南西	北北東	北北西	東南東	南南西
37	東南東	南南東	西北西	北北西	東北東	南南東	南南東	北北東	西南西
38	西北西	東北東	北北東	南南東	東南東	西北西	南南西	北北西	西南西
39	北北東	東南東	西北西	北北西	東南東	西南東	南南東	南南東	北北東
40	東北東	北北西	北北東	南南東	東北東	西南西	東南東	西北西	南南西

PART 2 EXERCISE 2

スピードチェック ❸ 1分

1	**南南西**	西北西	東南東	北北東	西南西	東北東	南南西	南南東	北北西
2	**北北西**	北北東	東北東	北北西	西北西	西南西	南南東	南南西	東南東
3	**西南西**	東南東	南南東	北北東	東北東	北北西	西南西	西北西	南南東
4	**北北東**	東北東	東南東	西南西	北北西	西北西	南南西	北北東	南南東
5	**東南東**	北北東	東南東	南南東	東北東	西南西	西北西	南南西	北北西
6	**北北西**	南南西	南南東	東南東	東北東	北北東	北北西	西南西	西北西
7	**西北西**	北北東	西北西	東南東	南南東	西南西	東北東	北北東	南南西
8	**西南西**	南南西	西北西	東北東	東南東	北北東	南南東	西北西	北北西
9	**北北東**	北北西	西北西	南南西	南南東	北北東	東北東	西北西	東南東
10	**南南東**	西南西	南南東	北北東	東北東	北北西	西北西	東南東	南南西
11	**西北西**	南南東	南南西	西北西	北北西	東北東	北北東	東南東	西南西
12	**北北西**	東南東	南南東	南南西	北北西	北北東	西北西	西南西	東北東
13	**東南東**	東南東	北北東	西南西	東北東	西北西	南南西	北北東	南南東
14	**西南西**	東南東	南南西	北北東	西南西	北北西	西北西	東北東	南南東
15	**西北西**	西北西	北北東	北北東	東南東	東北東	南南西	西南西	南南西
16	**東南東**	東北東	北北東	西北西	西南西	東南東	南南東	北北西	南南東
17	**北北東**	北北東	北北西	東北東	南南東	東南東	西南西	南南西	西北西
18	**東北東**	西南西	東北東	東南東	北北東	南南東	北北西	南南西	西北西
19	**北北西**	西南西	南南西	東北東	南南東	北北東	北北西	西北西	東北東
20	**西南西**	東南東	西南西	西北西	南南東	北北西	北北東	南南東	東北東

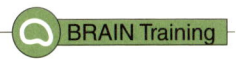

21	南南西	西北西	北北東	南南東	東南東	南南西	東北東	北北西	西南西
22	北北東	南南東	北北東	南南西	西南西	東南東	東北東	北北西	西北西
23	西北西	南南西	南南東	西北西	東南東	西南西	北北西	北北西	東北東
24	南南東	西南西	南南東	東南東	北北西	北北東	東北東	西北西	南南西
25	北北西	西南西	北北東	西北西	北北西	東南東	南南東	東北東	南南西
26	南南西	北北東	東南東	西北西	南南東	西南西	北北西	南南東	東北東
27	北北東	東北東	北北西	東南東	西南西	南南西	北北東	南南東	西北西
28	西南西	北北東	東南東	南南西	東北東	西南西	西北西	南南東	北北西
29	西北西	北北東	南南西	西南西	東北東	西北西	東南東	南南東	北北東
30	北北西	東北東	南南東	西南西	東南東	北北東	西北西	北北東	南南西
31	東南東	西北西	南南西	東南東	南南西	北北西	北北西	西南西	東北東
32	北北東	南南東	北北東	東南東	北北西	西南西	南南東	西北西	東北東
33	東北東	北北東	南南東	東北東	北北西	西南西	南南東	西北西	東南東
34	南南西	西南西	東北東	東南東	西北西	北北東	南南東	北北西	南南西
35	西南西	東南東	南南西	東北東	北北西	西北西	南南東	北北西	西南西
36	北北西	西南西	北北東	南南西	西北西	北北西	東南東	東北東	南南東
37	北北東	北北東	東北東	西北西	北北西	西南西	南南東	南南東	東南東
38	西南西	西南西	東北東	東南東	北北東	北北西	西北西	南南東	南南西
39	南南東	南南西	東北東	東南東	南南東	北北東	北北東	西北西	西南西
40	東南東	西南西	東北東	北北東	東南東	北北西	南南東	南南東	西北西

PART 2　EXERCISE 2

スピードチェック ❹　1分

1	**西南西**	西南西	南南東	南南西	北北西	東北東	北北東	東南東	西北西
2	**西北西**	東南東	北北西	西南西	南南東	西北西	東北東	南南西	北北東
3	**東北東**	東南東	北北東	南南東	東北東	西北西	西南西	南南西	北北西
4	**北北東**	西南西	南南東	東北東	北北西	北北西	南南西	西北西	東南東
5	**東北東**	南南西	東北東	東南東	南南東	西北西	北北西	北北東	西南西
6	**東南東**	西南西	北北西	南南西	東南東	南南東	東北東	西北西	北北東
7	**南南東**	北北東	西南西	東南東	南南東	南南西	東北東	西北西	北北西
8	**南南西**	南南西	北北西	西南西	東北東	南南東	北北東	西北西	東南東
9	**東南東**	南南西	北北西	北北東	西南西	東南東	西北西	南南東	東北東
10	**北北西**	東南東	東北東	北北西	西南西	南南西	西北西	南南東	北北東
11	**西南西**	東南東	西北西	北北東	東北東	北北西	南南東	南南西	西南西
12	**南南東**	北北東	西北西	東南東	東北東	西北西	南南東	南南西	北北西
13	**南南西**	西南西	北北東	西北西	北北西	南南東	東南東	南南東	東北東
14	**西南西**	北北東	東南東	西北西	南南西	南南東	東北東	西南西	北北西
15	**西北西**	北北東	北北西	西南西	西北西	南南東	南南西	東南東	東北東
16	**東南東**	西南西	西北西	北北東	南南西	東南東	北北西	東北東	南南東
17	**南南東**	東南東	北北東	南南東	北北西	南南西	東南東	西南西	西北西
18	**南南西**	南南東	北北東	東南東	西南西	北北西	南南西	東北東	西北西
19	**東北東**	東北東	南南東	西北西	南南東	北北西	北北東	西南西	東南東
20	**西南西**	北北東	東南東	北北東	西北西	南南東	南南西	西南西	東北東

21	**南南東**	西南西	西北西	南南東	南南西	東北東	東南東	北北東	北北西
22	**南南西**	東北東	北北西	南南西	西北西	東南東	西南西	北北東	南南東
23	**東北東**	北北東	南南西	北北西	南南東	西北西	西南西	東南東	東北東
24	**西北西**	南南東	東北東	西南西	北北東	西北西	南南西	北北西	東南東
25	**西南西**	西北西	西南西	東北東	南南東	北北西	南南西	北北西	東南東
26	**南南東**	南南西	西北西	東北東	北北東	東南東	南南東	西南西	北北西
27	**北北東**	東北東	西南西	南南西	南南東	北北西	東南東	北北東	西北西
28	**南南西**	東南東	西北西	南南東	東北東	南南西	北北西	西南西	北北西
29	**西北西**	南南東	東南東	西北西	西南西	東北東	南南西	北北西	北北東
30	**南南東**	西南西	西北西	南南西	東北東	東南東	南南西	北北西	北北東
31	**北北西**	南南西	西北西	北北西	北北東	東南東	南南西	西北西	東北東
32	**南南西**	北北東	北北西	東北東	南南東	西北西	南南西	南南東	西南西
33	**東南東**	北北東	南南西	南南東	南南東	西北西	西北西	東北東	北北西
34	**北北東**	東南東	東北東	西南西	南南西	北北西	西北西	南南東	北北西
35	**南南西**	西北西	北北西	東北東	南南西	北北西	西北西	南南東	東南東
36	**東北東**	北北西	東北東	南南東	西北西	南南西	北北西	西北西	東南東
37	**北北西**	北北東	南南東	南南西	東北東	東南東	西北西	北北西	西南西
38	**北北東**	北北西	南南西	西南西	北北西	南南西	東北東	北北西	東南東
39	**西南西**	南南西	北北西	東北東	西北西	東南東	北北東	南南東	東南東
40	**西北西**	北北西	東南東	東北東	西北西	南南東	西北西	北北西	南南東

PART 2 EXERCISE 2

スピードチェック ❺ 1分

1	**exclaim**	exclude	excise	excite	excess	exceed	except	exclaim	excuse
2	**exceed**	excess	exclaim	excuse	exceed	except	exclude	excise	excite
3	**excise**	exclude	excite	exceed	excuse	excise	exclaim	except	excess
4	**exclude**	excess	exclaim	exclude	exceed	excise	excite	except	excuse
5	**excess**	except	excise	exceed	exclude	excuse	excess	exclaim	excite
6	**excuse**	excuse	excess	exclude	exclaim	excite	exceed	excise	except
7	**except**	excise	exclaim	excuse	except	excite	exceed	exclude	excess
8	**excess**	exclaim	exceed	excess	excise	excite	exclude	excuse	except
9	**excite**	exclaim	excess	excuse	excise	excite	exceed	except	exclude
10	**excuse**	excise	excess	exclaim	except	excite	excuse	exceed	exclude
11	**excise**	exceed	except	excuse	excite	excess	exclude	excise	exclaim
12	**exclaim**	except	excise	exclude	excuse	exceed	excess	excite	exclaim
13	**except**	except	exclaim	excess	exclude	exceed	excise	excuse	excite
14	**exclude**	except	exceed	excess	excuse	excise	excite	exclaim	exclude
15	**exceed**	excite	excuse	except	excess	exclude	exceed	excise	exclaim
16	**excise**	excess	excite	except	excise	exclude	exceed	exclaim	excuse
17	**excite**	exceed	excite	excess	excise	except	exclaim	exclude	excuse
18	**excess**	exceed	exclude	excuse	except	excite	exclaim	excess	excise
19	**exclaim**	excise	exclaim	exclude	excess	except	excuse	exceed	excite
20	**exceed**	exclaim	exclude	excise	excess	excite	exceed	excuse	except

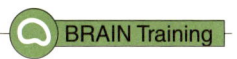

21	**excess**	excise	excuse	excess	exclude	except	excite	exceed	exclaim
22	**excise**	excite	exceed	except	excuse	exclaim	exclude	excise	excess
23	**excuse**	excess	exclude	except	exclaim	excise	excite	excuse	exceed
24	**excite**	excise	except	excite	exceed	exclaim	excess	excuse	exclude
25	**excise**	exclude	excuse	exceed	excess	excite	excise	except	exclaim
26	**exclude**	excuse	exclude	exclaim	exceed	excite	excise	excess	except
27	**except**	exclude	except	exclaim	excise	excite	exceed	excess	excuse
28	**excuse**	exclude	excise	except	excuse	exclaim	excite	excess	exceed
29	**exceed**	excise	except	excess	exclude	exceed	excite	excuse	exclaim
30	**exclude**	exceed	excite	exclaim	excess	excise	excuse	except	exclude
31	**excite**	exceed	excuse	except	excess	excise	exclaim	excite	exclude
32	**excuse**	exclaim	excuse	excess	exclude	excite	except	exceed	excise
33	**excite**	exclaim	exceed	excuse	except	exclude	excite	excise	excess
34	**exclaim**	excise	exclaim	exclude	excite	except	excuse	excess	exceed
35	**exclude**	exclude	excite	exceed	except	excess	excuse	excise	exclaim
36	**excuse**	exclaim	excite	excess	exceed	excise	excuse	except	exclude
37	**except**	exceed	excise	exclude	excess	exclaim	excuse	excite	except
38	**excuse**	exclaim	exclude	excite	excess	exceed	excise	except	excuse
39	**excess**	except	exclaim	excise	excess	exclude	excite	excuse	exceed
40	**except**	excite	excuse	exclude	excess	exceed	except	exclaim	excise

PART 2 EXERCISE 2

スピードチェック ❻ 1分

#									
1	**excise**	excise	exclaim	except	excite	excess	exceed	excuse	exclude
2	**exclude**	exclude	exclaim	excuse	exceed	excess	except	excise	excite
3	**exceed**	excuse	exceed	except	excise	exclaim	exclude	excite	excess
4	**exclaim**	except	excess	exclaim	exclude	exceed	excite	excuse	excise
5	**exclude**	excise	excite	exclude	excuse	exclaim	exceed	except	excess
6	**except**	excise	excuse	excite	except	exceed	exclaim	excess	exclude
7	**excise**	excess	excuse	excite	except	excise	exclaim	exclude	exceed
8	**excess**	excise	excite	excess	exclude	exclaim	exceed	excuse	except
9	**except**	exceed	excess	excuse	except	excise	exclude	exclaim	excite
10	**exclude**	except	exclude	excise	excite	excess	exclaim	excuse	exceed
11	**exceed**	excite	excise	excess	exceed	excuse	exclaim	except	exclude
12	**exclaim**	excuse	except	excite	exceed	exclude	excess	exclaim	excise
13	**exceed**	exceed	excess	excite	exclude	excise	except	excuse	exclaim
14	**except**	excite	exclaim	exclude	exceed	excuse	excess	excise	except
15	**excise**	excess	excise	exclaim	except	excite	exceed	exclude	excuse
16	**excite**	exclude	excite	excuse	except	exceed	excise	exclaim	excess
17	**exclaim**	exceed	excite	excise	except	exclaim	excuse	excess	exclude
18	**exceed**	exclaim	excise	except	excess	exclude	excuse	exceed	excite
19	**except**	exceed	exclaim	excite	except	excise	exclude	excuse	excess
20	**excuse**	exceed	excess	exclaim	exclude	excite	except	excuse	excise

21	**excise**	excess	except	exceed	excite	exclude	exclaim	excuse	excise
22	**excite**	except	exceed	exclude	excite	excise	excuse	exclaim	excess
23	**exclaim**	except	exclude	excess	excuse	excite	exceed	excise	exclaim
24	**excuse**	excise	except	excess	excite	excuse	exceed	exclaim	exclude
25	**exceed**	exclaim	except	excite	excuse	excise	excess	exceed	exclude
26	**exclude**	exclaim	excuse	except	excess	excite	excise	exceed	exclude
27	**exclaim**	exceed	excuse	exclaim	excise	exclude	excess	excite	except
28	**excise**	excite	except	excess	exceed	exclaim	excuse	excise	exclude
29	**exclude**	exclaim	excess	exceed	except	excuse	exclude	excise	excite
30	**excite**	excise	excite	excess	exclude	exceed	except	excuse	exclaim
31	**exceed**	exceed	excise	excuse	excite	exclude	except	exclaim	excess
32	**excise**	except	excise	excite	exceed	excuse	exclaim	excess	exclude
33	**exclaim**	except	exceed	excess	exclaim	exclude	excise	excite	excuse
34	**exceed**	except	exclude	excite	excess	excise	excuse	exceed	exclaim
35	**except**	excise	excess	except	exclaim	exclude	excite	exceed	excuse
36	**exclude**	except	excise	excess	excuse	exclaim	exclude	exceed	excite
37	**exclaim**	exceed	excuse	exclaim	excise	exclude	except	excite	excess
38	**excess**	exclude	excise	excite	exclaim	exceed	excess	except	excuse
39	**except**	exclaim	excess	except	exclude	excuse	excite	excise	exceed
40	**excuse**	exclaim	except	excess	excite	exceed	excuse	excise	exclude

PART 2 EXERCISE 2

スピードチェック ❼ 1分

1	**exclaim**	excise	exclude	except	excuse	exceed	exclaim	excess	excite
2	**exclude**	exclude	excise	except	excess	exceed	excite	exclaim	excuse
3	**except**	excite	exceed	exclude	exclaim	excise	except	excuse	excess
4	**excite**	exceed	excuse	exclaim	exclude	excite	excess	excise	except
5	**excuse**	except	exclaim	exclude	excite	exceed	excess	excise	excuse
6	**excise**	exclaim	exceed	excise	excess	except	excite	exclude	excuse
7	**exceed**	excise	excite	excuse	excess	exclaim	except	exceed	exclude
8	**except**	excite	exclaim	excise	excuse	excess	except	exclude	exceed
9	**excite**	excise	except	exclude	excess	exceed	exclaim	excuse	excite
10	**except**	excess	exceed	except	excite	exclaim	excise	exclude	excuse
11	**exclaim**	exclude	excite	exceed	excess	excuse	exclaim	excise	except
12	**excuse**	exclude	exclaim	excuse	excess	excise	exceed	except	excite
13	**exceed**	exceed	exclaim	excite	excuse	excise	excess	exclude	except
14	**excise**	excess	excite	except	excuse	exclaim	exclude	exceed	excise
15	**exclude**	excess	excise	except	exceed	exclaim	exclude	excuse	excite
16	**exclaim**	exclude	except	exclaim	exceed	excise	excite	excuse	excess
17	**excuse**	excuse	exclaim	excess	except	excise	excite	exclude	exceed
18	**exceed**	excess	excuse	except	exclaim	excise	exceed	exclude	excite
19	**exclude**	except	excise	exceed	excite	excess	exclaim	excuse	exclude
20	**excite**	excess	exclaim	exceed	except	exclude	excise	excuse	excite

Basic Training for Readers method

21	**exceed**	exceed	exclaim	excess	excite	excise	excuse	exclude	except
22	**exclaim**	excess	exceed	exclaim	excite	excise	excuse	except	exclude
23	**excess**	except	exclude	excuse	excite	exclaim	exceed	excise	excess
24	**excise**	except	excuse	excise	exceed	excess	exclaim	exclude	excite
25	**exclude**	exceed	excite	exclaim	excess	exclude	excise	except	excuse
26	**except**	excise	excess	excuse	exceed	except	exclaim	excite	exclude
27	**excite**	except	exceed	excuse	exclaim	excess	excise	exclude	excite
28	**exceed**	excite	exclaim	exclude	except	excess	excuse	exceed	excise
29	**excite**	excite	excess	excise	excuse	exclaim	exclude	except	exceed
30	**excuse**	exceed	excess	excite	excise	excuse	exclude	except	exclaim
31	**exclaim**	excite	exclaim	exceed	excise	except	exclude	excuse	excess
32	**exceed**	except	excise	exceed	exclude	excite	excuse	excess	exclaim
33	**excuse**	excite	excuse	except	exceed	excise	exclude	excess	exclaim
34	**excite**	excuse	exclaim	exclude	except	excess	exceed	excite	excise
35	**exceed**	exclaim	excuse	excise	excite	exclude	exceed	excess	except
36	**excuse**	excise	except	excuse	exceed	excite	exclaim	excess	exclude
37	**excess**	exclaim	except	excuse	exceed	excise	excess	exclude	excite
38	**exceed**	excise	exclaim	excess	excuse	except	exclude	excite	exceed
39	**exclaim**	excuse	exclude	exceed	excite	exclaim	excess	excise	except
40	**except**	excuse	except	exceed	excise	exclaim	excess	excite	exclude

PART 2　EXERCISE 2

イメージ処理のスピードを上げる
スピードボード

15分間体験メニュー　3分

文字を素早く見ながら、見た瞬間に頭の中でイメージする速度を速めるためのトレーニングです。
「速く読む」ための要素が詰めこまれています。

トレーニング目的

　頭の中でイメージして、文字を瞬間的に処理していくためのトレーニングです。その意味において、指先でボードをなぞって答えを出したとしても、トレーニングの効果は上がりません。
　スピードボードは、文字を見て理解するスピードを限りなく速くするということで、より速読トレーニングに近いものとなっています。ゲーム感覚で自分の限界を目指してトライしてください。

スピードボードカード　※コピーしてお使いください。

A	1	B
4	0	2
D	3	C

BRAIN Training

トレーニング方法　3分

　前ページのスピードボードカードをコピーしたものを切り取って、机の前方に置きます。カードは3×3のマス目になっていますが、**必ず真ん中の「0」の位置からスタート**します。

　たとえば、「上へ1　右へ1　下へ2　左へ2　上へ2」という問題では、最後の位置にきたマスの「アルファベットまたは数字」を解答用紙に記入します。

　制限時間は3分です。終わったら142ページを見て答え合わせをしてください。制限時間内に終えられるようになったら、ストップウォッチを併用して、終了までの時間を記録してください。

スピードボードカードの使い方

　パズル感覚で上下左右に移動してみましょう。

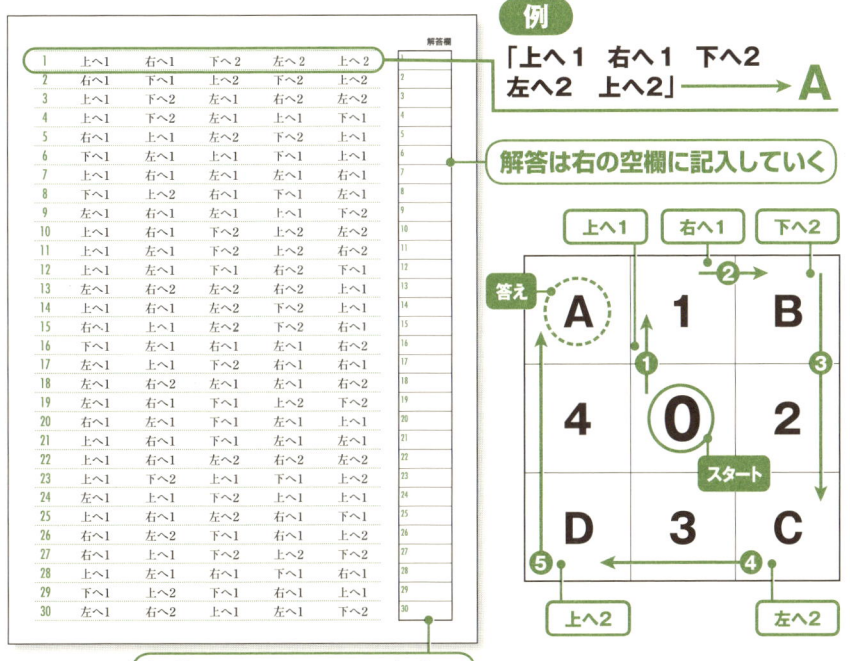

#					解答欄
1	上へ1	右へ1	下へ2	左へ2	上へ2
2	右へ1	下へ1	上へ2	下へ2	上へ1
3	上へ1	下へ2	左へ1	右へ2	上へ1
4	上へ1	下へ1	左へ1	上へ1	下へ1
5	右へ1	上へ1	左へ2	下へ2	上へ1
6	下へ1	左へ1	上へ1	右へ1	上へ1
7	上へ1	右へ1	左へ1	上へ1	下へ1
8	上へ1	上へ2	下へ2	下へ1	左へ1
9	左へ1	右へ1	上へ1	右へ1	下へ2
10	上へ1	左へ1	下へ2	上へ2	左へ2
11	上へ1	下へ2	上へ2	下へ1	上へ1
12	上へ1	左へ1	下へ1	右へ2	下へ1
13	左へ1	右へ2	左へ1	下へ1	上へ1
14	上へ1	右へ1	下へ2	上へ1	下へ1
15	右へ1	上へ1	左へ2	下へ2	右へ1
16	上へ1	右へ1	右へ1	下へ1	左へ1
17	左へ1	上へ1	下へ2	右へ1	上へ1
18	上へ1	右へ2	上へ1	上へ1	下へ1
19	上へ1	右へ1	下へ2	上へ2	下へ1
20	右へ1	左へ1	下へ1	上へ1	下へ1
21	上へ1	右へ1	下へ2	上へ1	左へ1
22	上へ1	左へ1	左へ2	下へ2	上へ1
23	上へ1	下へ2	上へ1	下へ1	上へ1
24	左へ1	上へ1	下へ2	上へ1	下へ1
25	上へ1	左へ1	下へ2	上へ2	下へ1
26	下へ1	右へ1	左へ1	右へ1	上へ1
27	右へ1	上へ1	下へ2	左へ2	下へ2
28	上へ1	左へ1	下へ2	右へ1	上へ1
29	下へ1	上へ1	下へ2	上へ1	下へ1
30	上へ1	右へ2	上へ1	左へ2	下へ2

解答はP142でチェックする

例

「上へ1　右へ1　下へ2　左へ2　上へ2」 → **A**

解答は右の空欄に記入していく

A	1	B
4	0	2
D	3	C

上へ1／右へ1／下へ2／上へ2／左へ2　スタート　答え

記録カードの記入方法

トレーニング名（記入法）	日付・訓練回	月 日 1日目	月 日 2日目	月 日 3日目
脳を磨くトレーニング	カウント呼吸法（数）			
	よこ一行ユニットブック（ブロック数）			
	スピードチェック			
	スピードボード	20／22	2'55" 28／30	／
	ロジカルテスト（正答数／解いた数）	／	／	／
	イメージ記憶	／40 ／40	／40 ／40	／40 ／40
倍速読	倍速読書（書名）			

※記入例にある数字は初めてチャレンジする方の平均値です。
※記録カードはP.189～P.190にあります。

「正解の数／書いた数」（例：20／22　22問まで解答を出したが正解は20問だった）というように記入
3分以内に終わった場合は、終了した時間も記入

ADVICE

どうしても難しいときには、スピードボードカードを見ながら進めてもかまいません。アルファベットや数字を意識するのではなく、「3×3の格子状のボードなんだ」と考えて進めてみてください。

ある程度できるようになったところで（3分間で30問をクリア）、できるだけスピードボードカードを見ないようにしてチャレンジしましょう。

また、最後に「アルファベットまたは数字」を記入するとき、確認の意味で見てしまうこともあるかもしれませんが、それはかまいません。目標は2分を切ることです。

スピードボード ❶ 3分

#						解答欄
1	上へ1	左へ1	下へ2	右へ2	上へ1	1
2	上へ1	左へ1	下へ2	右へ1	右へ1	2
3	上へ1	左へ1	下へ1	下へ1	上へ2	3
4	下へ1	左へ1	右へ1	上へ1	上へ1	4
5	左へ1	右へ1	左へ1	上へ1	下へ1	5
6	左へ1	下へ1	右へ1	右へ1	左へ1	6
7	下へ1	右へ1	上へ1	左へ1	左へ1	7
8	右へ1	左へ1	上へ1	右へ1	左へ2	8
9	右へ1	上へ1	左へ1	左へ1	右へ2	9
10	上へ1	左へ1	右へ2	下へ2	左へ1	10
11	左へ1	上へ1	下へ2	上へ1	上へ1	11
12	上へ1	左へ1	下へ1	上へ1	左へ1	12
13	上へ1	右へ1	下へ2	左へ1	上へ1	13
14	上へ1	右へ1	左へ1	左へ1	右へ1	14
15	下へ1	右へ1	左へ1	右へ1	上へ1	15
16	下へ1	右へ1	左へ2	上へ2	下へ1	16
17	左へ1	下へ1	右へ2	上へ2	下へ2	17
18	上へ1	下へ1	左へ1	右へ1	右へ1	18
19	上へ1	左へ1	右へ2	左へ1	左へ1	19
20	左へ1	上へ1	右へ2	左へ2	下へ1	20
21	右へ1	左へ1	上へ1	下へ1	上へ1	21
22	右へ1	左へ1	左へ1	下へ1	右へ1	22
23	右へ1	上へ1	下へ2	上へ2	下へ2	23
24	下へ1	上へ1	左へ1	上へ1	下へ1	24
25	左へ1	下へ1	右へ1	右へ1	左へ2	25
26	右へ1	下へ1	右へ1	左へ1	上へ2	26
27	左へ1	上へ1	右へ2	左へ2	下へ2	27
28	上へ1	右へ1	下へ1	上へ1	左へ1	28
29	右へ1	下へ1	左へ1	上へ1	上へ1	29
30	右へ1	上へ1	左へ2	下へ1	右へ1	30

PART 2 EXERCISE 2

スピードボード ❷ 3分

#						#	解答欄
1	上へ1	左へ1	右へ2	下へ1	左へ1	1	
2	下へ1	上へ1	左へ1	右へ1	右へ1	2	
3	下へ1	右へ1	上へ1	下へ1	左へ1	3	
4	下へ1	上へ1	左へ1	下へ1	右へ2	4	
5	上へ1	下へ1	左へ1	下へ1	右へ2	5	
6	上へ1	左へ1	右へ2	下へ2	上へ1	6	
7	左へ1	右へ1	下へ1	右へ1	左へ1	7	
8	上へ1	下へ1	上へ1	右へ1	左へ2	8	
9	左へ1	右へ1	右へ1	左へ1	上へ1	9	
10	左へ1	右へ1	右へ1	上へ1	下へ2	10	
11	右へ1	上へ1	下へ1	左へ1	下へ2	11	
12	左へ1	上へ1	下へ1	上へ1	下へ2	12	
13	右へ1	上へ1	左へ1	下へ1	右へ1	13	
14	左へ1	上へ1	右へ1	下へ1	下へ1	14	
15	上へ1	左へ1	下へ1	上へ1	下へ1	15	
16	左へ1	右へ1	上へ1	左へ1	下へ2	16	
17	左へ1	右へ1	右へ1	上へ1	左へ1	17	
18	右へ1	左へ1	上へ1	左へ1	下へ1	18	
19	右へ1	上へ1	下へ1	左へ1	上へ1	19	
20	下へ1	右へ1	左へ1	左へ1	右へ1	20	
21	上へ1	右へ1	下へ1	上へ1	下へ1	21	
22	左へ1	上へ1	下へ2	上へ2	下へ1	22	
23	下へ1	右へ1	上へ2	下へ1	上へ1	23	
24	右へ1	下へ1	下へ1	左へ1	上へ2	24	
25	上へ1	左へ1	右へ2	左へ1	右へ1	25	
26	右へ1	上へ1	左へ2	右へ1	下へ1	26	
27	左へ1	下へ1	右へ2	左へ1	上へ1	27	
28	上へ1	下へ1	上へ1	下へ1	上へ1	28	
29	左へ1	右へ1	下へ1	左へ1	右へ1	29	
30	右へ1	左へ1	右へ1	下へ1	左へ1	30	

スピードボード ❸ 3分

#						解答欄
1	上へ1	左へ1	下へ2	右へ1	上へ1	1
2	下へ1	左へ1	上へ1	上へ1	下へ1	2
3	下へ1	左へ1	右へ2	上へ2	左へ1	3
4	下へ1	上へ1	右へ1	左へ1	左へ1	4
5	上へ1	右へ1	左へ1	下へ1	右へ1	5
6	右へ1	左へ1	下へ1	上へ1	上へ1	6
7	下へ1	左へ1	上へ2	下へ1	右へ1	7
8	下へ1	左へ1	右へ2	上へ1	左へ1	8
9	左へ1	右へ1	左へ1	上へ1	下へ2	9
10	右へ1	下へ1	上へ1	上へ1	左へ1	10
11	下へ1	右へ1	上へ2	下へ2	上へ1	11
12	上へ1	右へ1	下へ2	上へ1	左へ1	12
13	下へ1	右へ1	左へ1	上へ1	下へ1	13
14	上へ1	右へ1	左へ2	下へ2	上へ1	14
15	右へ1	上へ1	下へ2	上へ1	上へ1	15
16	右へ1	下へ1	上へ2	左へ2	右へ2	16
17	左へ1	下へ1	右へ2	上へ1	左へ1	17
18	左へ1	下へ1	上へ2	右へ2	左へ2	18
19	下へ1	左へ1	右へ2	上へ1	右へ1	19
20	上へ1	下へ1	右へ1	上へ1	下へ1	20
21	上へ1	右へ1	左へ2	下へ2	右へ1	21
22	右へ1	左へ1	右へ1	上へ1	左へ1	22
23	左へ1	下へ1	右へ2	上へ1	右へ1	23
24	右へ1	上へ1	左へ1	上へ1	下へ2	24
25	左へ1	上へ1	右へ2	下へ2	上へ2	25
26	下へ1	左へ1	上へ1	下へ1	上へ1	26
27	左へ1	上へ1	右へ2	左へ2	右へ2	27
28	上へ1	下へ1	右へ2	左へ2	下へ1	28
29	下へ1	左へ1	上へ2	右へ2	下へ2	29
30	下へ1	上へ1	右へ1	左へ1	上へ1	30

PART 2　EXERCISE 2

スピードボード ❹　3分

解答欄

1	左へ1	上へ1	下へ1	上へ1	下へ1	
2	下へ1	右へ1	左へ2	右へ1	左へ1	
3	下へ1	左へ1	上へ2	右へ2	左へ1	
4	左へ1	上へ1	下へ2	右へ1	上へ1	
5	左へ1	下へ1	右へ1	左へ1	右へ2	
6	下へ1	左へ1	右へ2	左へ2	上へ2	
7	右へ1	左へ1	左へ1	下へ1	上へ1	
8	下へ1	上へ1	上へ1	左へ1	下へ2	
9	下へ1	右へ1	上へ1	上へ1	左へ2	
10	左へ1	下へ1	右へ2	上へ1	上へ1	
11	上へ1	左へ1	右へ2	左へ2	右へ1	
12	下へ1	右へ1	上へ2	左へ2	右へ1	
13	右へ1	下へ1	左へ2	右へ1	右へ1	
14	上へ1	右へ1	左へ1	右へ1	左へ1	
15	下へ1	右へ1	左へ1	右へ1	上へ2	
16	下へ1	上へ1	左へ1	上へ1	下へ2	
17	下へ1	右へ1	上へ1	下へ1	上へ2	
18	左へ1	下へ1	上へ2	下へ2	右へ2	
19	右へ1	左へ1	右へ1	上へ1	左へ2	
20	右へ1	下へ1	左へ2	右へ1	上へ1	
21	上へ1	下へ1	右へ1	左へ1	下へ1	
22	右へ1	下へ1	左へ1	左へ1	上へ1	
23	上へ1	右へ1	下へ2	左へ2	右へ2	
24	右へ1	上へ1	左へ1	右へ1	下へ2	
25	左へ1	上へ1	右へ1	下へ1	左へ1	
26	下へ1	右へ1	上へ1	下へ1	右へ1	
27	下へ1	左へ1	上へ2	下へ1	下へ1	
28	右へ1	上へ1	下へ1	右へ1	下へ1	
29	下へ1	上へ1	右へ1	下へ1	左へ2	
30	上へ1	左へ1	右へ2	下へ2	上へ2	

スピードボード ❺ 3分

						解答欄
1	右へ1	上へ1	下へ1	上へ1	左へ1	1
2	上へ1	右へ1	左へ2	右へ2	下へ2	2
3	左へ1	右へ1	右へ1	左へ1	下へ1	3
4	右へ1	左へ1	左へ1	上へ1	右へ2	4
5	下へ1	上へ1	左へ1	上へ1	右へ1	5
6	下へ1	左へ1	右へ2	左へ1	左へ1	6
7	上へ1	下へ1	下へ1	右へ1	上へ2	7
8	下へ1	左へ1	右へ1	下へ1	上へ1	8
9	上へ1	下へ1	右へ1	上へ1	左へ1	9
10	上へ1	左へ1	下へ2	右へ1	上へ1	10
11	左へ1	右へ1	上へ1	右へ1	左へ1	11
12	上へ1	右へ1	下へ2	左へ2	上へ1	12
13	右へ1	下へ1	上へ2	下へ2	左へ1	13
14	右へ1	上へ1	左へ1	下へ1	右へ1	14
15	左へ1	右へ1	右へ1	下へ1	左へ1	15
16	上へ1	右へ1	下へ2	左へ2	右へ1	16
17	右へ1	下へ1	左へ1	下へ1	右へ1	17
18	右へ1	上へ1	左へ1	上へ1	下へ1	18
19	下へ1	右へ1	左へ2	上へ1	上へ1	19
20	上へ1	左へ1	右へ1	下へ1	右へ1	20
21	下へ1	右へ1	左へ1	左へ1	上へ2	21
22	下へ1	左へ1	右へ2	上へ2	左へ1	22
23	右へ1	左へ1	左へ1	下へ1	上へ2	23
24	左へ1	上へ1	右へ2	下へ2	左へ1	24
25	上へ1	右へ1	左へ2	右へ2	左へ1	25
26	下へ1	右へ1	左へ1	上へ2	右へ1	26
27	右へ1	左へ1	左へ1	下へ1	右へ1	27
28	右へ1	左へ1	上へ1	下へ1	左へ1	28
29	上へ1	右へ1	下へ1	下へ1	上へ1	29
30	左へ1	下へ1	上へ2	右へ2	下へ2	30

PART 2　EXERCISE 2

スピードボード ❻　3分

#						#	解答欄
1	上へ1	左へ1	右へ2	左へ1	下へ1	1	
2	左へ1	下へ1	右へ1	上へ1	右へ1	2	
3	左へ1	上へ1	右へ1	右へ1	左へ1	3	
4	左へ1	上へ1	右へ1	右へ1	下へ1	4	
5	左へ1	右へ1	下へ1	左へ1	上へ1	5	
6	左へ1	上へ1	右へ1	左へ1	下へ1	6	
7	下へ1	右へ1	上へ1	左へ1	上へ1	7	
8	上へ1	右へ1	下へ2	上へ2	下へ1	8	
9	下へ1	左へ1	右へ1	上へ1	下へ1	9	
10	左へ1	上へ1	右へ1	下へ1	上へ1	10	
11	下へ1	上へ1	下へ1	右へ1	左へ1	11	
12	上へ1	右へ1	下へ1	下へ1	左へ2	12	
13	左へ1	下へ1	上へ1	上へ1	右へ2	13	
14	左へ1	下へ1	上へ2	下へ1	右へ1	14	
15	下へ1	上へ1	上へ1	下へ1	右へ1	15	
16	下へ1	左へ1	右へ1	左へ1	右へ2	16	
17	上へ1	右へ1	左へ1	左へ1	右へ2	17	
18	下へ1	右へ1	上へ1	上へ1	下へ2	18	
19	左へ1	上へ1	右へ2	下へ2	左へ2	19	
20	上へ1	下へ1	右へ1	下へ1	上へ1	20	
21	右へ1	上へ1	左へ2	下へ2	上へ1	21	
22	左へ1	右へ1	左へ1	下へ1	上へ1	22	
23	下へ1	右へ1	左へ2	右へ1	上へ1	23	
24	下へ1	左へ1	上へ2	右へ1	右へ1	24	
25	下へ1	上へ1	上へ1	左へ1	右へ2	25	
26	上へ1	下へ1	左へ1	上へ1	右へ2	26	
27	下へ1	右へ1	左へ1	上へ1	右へ1	27	
28	上へ1	右へ1	左へ2	下へ1	右へ1	28	
29	上へ1	下へ1	右へ1	下へ1	左へ2	29	
30	左へ1	上へ1	下へ1	下へ1	上へ2	30	

スピードボード ❼ 3分

						解答欄
1	右へ1	上へ1	左へ2	下へ2	右へ2	1
2	左へ1	下へ1	上へ1	右へ1	右へ1	2
3	左へ1	上へ1	下へ2	上へ1	下へ1	3
4	下へ1	右へ1	左へ2	上へ1	右へ1	4
5	左へ1	右へ1	下へ1	左へ1	右へ2	5
6	左へ1	右へ1	左へ1	上へ1	右へ1	6
7	上へ1	下へ1	右へ1	左へ1	右へ2	7
8	下へ1	左へ1	右へ2	左へ2	右へ1	8
9	右へ1	左へ1	右へ1	左へ1	右へ1	9
10	下へ1	上へ1	上へ1	下へ1	上へ1	10
11	左へ1	上へ1	下へ1	下へ1	右へ1	11
12	上へ1	下へ1	右へ1	下へ1	上へ2	12
13	右へ1	上へ1	下へ1	下へ1	上へ2	13
14	左へ1	上へ1	下へ2	右へ2	左へ2	14
15	上へ1	右へ1	左へ1	下へ1	上へ1	15
16	左へ1	右へ1	下へ1	上へ1	下へ1	16
17	左へ1	上へ1	右へ2	左へ2	右へ1	17
18	右へ1	上へ1	左へ2	右へ2	左へ2	18
19	上へ1	下へ1	上へ1	右へ1	下へ1	19
20	右へ1	上へ1	左へ2	右へ1	下へ1	20
21	右へ1	左へ1	上へ1	下へ1	下へ1	21
22	右へ1	下へ1	上へ2	左へ2	下へ2	22
23	右へ1	左へ1	上へ1	下へ1	左へ1	23
24	左へ1	下へ1	上へ2	下へ1	下へ1	24
25	左へ1	上へ1	右へ2	左へ1	左へ1	25
26	下へ1	上へ1	上へ1	下へ1	下へ1	26
27	左へ1	下へ1	上へ2	右へ1	下へ1	27
28	下へ1	上へ1	右へ2	左へ2	右へ2	28
29	上へ1	右へ1	下へ2	上へ2	左へ2	29
30	左へ1	上へ1	右へ2	下へ1	上へ1	30

PART 2 EXERCISE 2

スピードボード解答

スピードボード ❶

No.	1	2	3	4	5	6	7	8	9	10	11	12	13	14	15
正解	2	C	A	1	4	3	4	A	B	3	A	4	0	1	2
No.	16	17	18	19	20	21	22	23	24	25	26	27	28	29	30
正解	4	C	2	A	4	1	3	C	4	D	A	D	1	1	0

スピードボード ❷

No.	1	2	3	4	5	6	7	8	9	10	11	12	13	14	15
正解	0	2	3	C	C	2	3	A	1	C	C	D	2	3	4
No.	16	17	18	19	20	21	22	23	24	25	26	27	28	29	30
正解	D	1	4	1	3	2	4	B	A	B	0	0	1	3	3

スピードボード ❸

No.	1	2	3	4	5	6	7	8	9	10	11	12	13	14	15
正解	0	4	1	4	2	1	0	0	D	1	2	0	3	4	B
No.	16	17	18	19	20	21	22	23	24	25	26	27	28	29	30
正解	B	1	A	C	2	3	1	C	D	B	4	B	4	C	1

スピードボード ❹

No.	1	2	3	4	5	6	7	8	9	10	11	12	13	14	15
正解	4	D	1	2	C	A	4	D	A	B	1	1	C	1	B
No.	16	17	18	19	20	21	22	23	24	25	26	27	28	29	30
正解	D	B	C	A	0	3	4	C	C	4	2	D	2	D	B

スピードボード ❺

No.	1	2	3	4	5	6	7	8	9	10	11	12	13	14	15
正解	1	C	3	B	1	D	B	B	3	0	A	4	D	2	D
No.	16	17	18	19	20	21	22	23	24	25	26	27	28	29	30
正解	3	C	2	A	2	A	A	3	A	1	2	4	2	C	

スピードボード ❻

No.	1	2	3	4	5	6	7	8	9	10	11	12	13	14	15
正解	0	2	1	2	4	4	1	2	2	1	3	D	B	0	2
No.	16	17	18	19	20	21	22	23	24	25	26	27	28	29	30
正解	C	B	C	D	2	4	4	0	B	B	B	2	0	D	A

スピードボード ❼

No.	1	2	3	4	5	6	7	8	9	10	11	12	13	14	15
正解	C	2	D	0	C	1	C	3	2	1	3	B	B	D	1
No.	16	17	18	19	20	21	22	23	24	25	26	27	28	29	30
正解	3	1	A	2	B	3	D	4	D	A	3	0	C	A	B

BRAIN Training

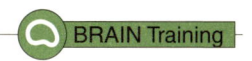

論理的に考える力をつける
ロジカルテスト

15分間体験メニュー　3分

ロジカルテストは、見た情報を頭の中で
素早く処理する力を強化するトレーニングです。
限られた時間の中で、思考力をフルに使うことが必要になります。

トレーニング目的

　このトレーニングでスピードを追求していくと、**不要な思考が排除されるので、頭の中のイメージがよりシンプルになっていきます**。また、問題の出し方・パターンを理解するということが、論理的な思考につながっていきます。

　ロジカルテストには、A～Dまで4段階のグレードがあります。本書では最も答えの出しやすいAタイプを使用していますが、この30問の問題をいきなり3分以内で終了できたとすれば、かなり論理思考に慣れていることになります。

トレーニング方法　3分

　設問を読んで、解答欄に「A」か「B」か「C」かの答えを記入します。全部終了したら153ページに書かれている正解と答え合わせをします。
　答えを考えるときに、「A」「B」「C」を紙に書いたり、鉛筆で指したりせずに、あくまでも頭の中だけで行なってください。
　時間は3分です。1度でも3分以内に終わったならば、ストップウォッチを用意し、キッチンタイマーと併用してください。3分以内に終わったら、ストップウォッチを止め、記録カードに結果とともに時間も記入します。

PART 2　EXERCISE 2

ロジカルテストの解答の出し方

問題には、A～Cまでの中に答えが必ずあります。

いきなり「一番良いのは？」「一番速いのは？」というように、問題から読んで解答してもかまいません。速く解答（正解）することが最重要と考えてください。

7日間（7回分）で1分30秒を切ることは至難ですが、目標にするとよいでしょう。

設問　AはBより良い。　CはBより悪い。　一番良いのは？

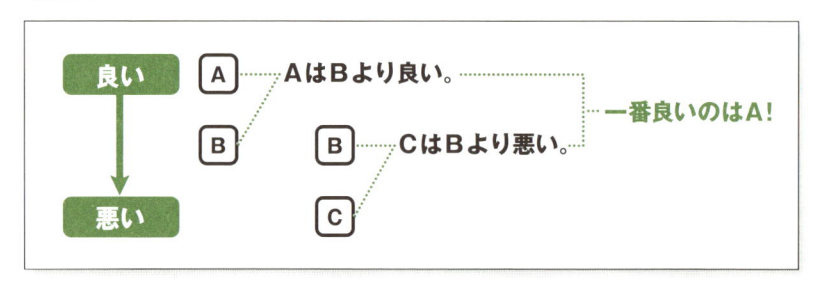

```
良い  ─→  A  ┄┄ AはBより良い。
            B        ┄┄┄ 一番良いのはA！
      B      B  ┄┄ CはBより悪い。
悪い        C
```

解答は右側の解答欄に記入する

				解答欄
1	AはBより良い。	CはBより悪い。	一番良いのは？	1　A
2	BはCより遅い。	AはCより遅い。	一番速いのは？	2
3	BはCより悪い。	CはAより良い。	一番良いのは？	3
4	AはCより遠い。	BはCより近い。	一番遠いのは？	4
5	AはCより強い。	AはBより弱い。	一番強いのは？	5
6	CはAより悪い。	BはAより悪い。	一番良いのは？	6
7	AはBより広い。	CはAより狭い。	一番広いのは？	7
8	AはBより良い。	CはBより悪い。	一番良いのは？	8
9	BはCより遅い。	AはCより遅い。	一番速いのは？	9

解答はP153でチェックする

記録カードの記入方法

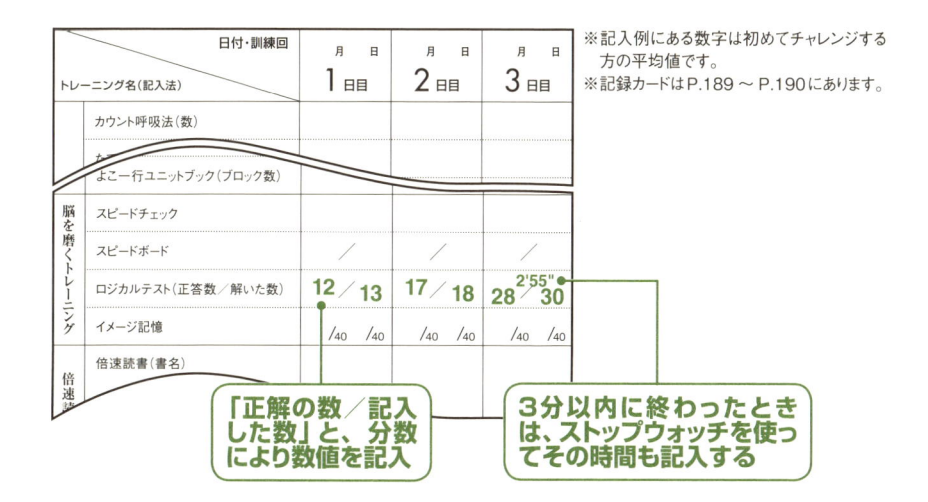

	日付・訓練回	月 日 1日目		月 日 2日目		月 日 3日目	
	トレーニング名(記入法)						
脳を磨くトレーニング	カウント呼吸法(数)						
	よこ一行ユニットブック(ブロック数)						
	スピードチェック						
	スピードボード	/		/		/	
	ロジカルテスト(正答数/解いた数)	12	/13	17	/18	28	2'55"/30
	イメージ記憶	/40	/40	/40	/40	/40	/40
倍速読	倍速読書(書名)						

※記入例にある数字は初めてチャレンジする方の平均値です。
※記録カードはP.189〜P.190にあります。

「正解の数/記入した数」と、分数により数値を記入

3分以内に終わったときは、ストップウォッチを使ってその時間も記入する

ADVICE

初めから「コツ」を探すのではなく、3分のトレーニングの中で一歩一歩、解答方法を探りながら進めていきましょう。

間違ってしまった問題については、終わってからどのように間違ったのかを確認してみてください。

字面を見ただけでは本を読んだとはいいません。どれだけ正確に理解できているかが大切です。

論理的に考える力だけでなく、持続的な集中力が身につくため受験や資格試験には最適なトレーニングになります。まずは2分を切ることを目標にして、その後、次のグレードにステップアップしていきます。

PART 2 — EXERCISE 2

ロジカルテスト ❶ | 3分

#				解答欄
1	CはAより良い。	AはBより良い。	一番良いのは	
2	CはAより低い。	BはCより低い。	一番高いのは	
3	CはBより速い。	BはAより速い。	一番速いのは	
4	BはCより近い。	BはAより遠い。	一番近いのは	
5	BはAより長い。	BはCより短い。	一番長いのは	
6	AはCより重い。	BはAより重い。	一番軽いのは	
7	AはBより強い。	AはCより弱い。	一番強いのは	
8	BはCより広い。	CはAより広い。	一番広いのは	
9	AはCより細い。	AはBより太い。	一番太いのは	
10	CはBより浅い。	AはBより深い。	一番深いのは	
11	AはBより悪い。	AはCより良い。	一番良いのは	
12	BはCより低い。	BはAより高い。	一番高いのは	
13	CはAより遅い。	CはBより速い。	一番速いのは	
14	AはCより遠い。	BはCより近い。	一番近いのは	
15	AはBより短い。	BはCより短い。	一番長いのは	
16	AはBより重い。	AはCより軽い。	一番軽いのは	
17	AはBより弱い。	BはCより弱い。	一番強いのは	
18	AはCより狭い。	CはBより狭い。	一番広いのは	
19	CはAより細い。	AはBより細い。	一番太いのは	
20	BはCより深い。	BはAより浅い。	一番深いのは	
21	AはBより良い。	CはAより良い。	一番良いのは	
22	BはCより高い。	AはCより低い。	一番高いのは	
23	BはAより遅い。	CはBより遅い。	一番速いのは	
24	BはCより近い。	AはBより近い。	一番近いのは	
25	BはAより短い。	AはCより短い。	一番長いのは	
26	BはAより軽い。	BはCより重い。	一番軽いのは	
27	AはBより弱い。	CはBより強い。	一番強いのは	
28	BはCより狭い。	BはAより広い。	一番広いのは	
29	AはCより太い。	BはAより太い。	一番太いのは	
30	AはCより深い。	CはBより深い。	一番深いのは	

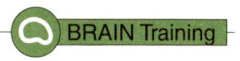

ロジカルテスト ❷ 3分

#				解答欄
1	BはCより悪い。	AはBより悪い。	一番良いのは	
2	BはCより低い。	CはAより低い。	一番高いのは	
3	BはAより速い。	AはCより速い。	一番速いのは	
4	BはCより遠い。	AはCより近い。	一番近いのは	
5	AはBより短い。	AはCより長い。	一番長いのは	
6	CはAより軽い。	CはBより重い。	一番軽いのは	
7	CはAより強い。	BはCより強い。	一番強いのは	
8	AはCより狭い。	BはAより狭い。	一番広いのは	
9	AはCより太い。	BはAより太い。	一番太いのは	
10	CはAより浅い。	AはBより浅い。	一番深いのは	
11	AはCより良い。	CはBより良い。	一番良いのは	
12	CはBより高い。	BはAより高い。	一番高いのは	
13	BはCより速い。	CはAより速い。	一番速いのは	
14	CはAより近い。	AはBより近い。	一番近いのは	
15	BはCより長い。	AはCより短い。	一番長いのは	
16	CはAより重い。	BはAより軽い。	一番軽いのは	
17	AはCより弱い。	AはBより強い。	一番強いのは	
18	BはCより狭い。	CはAより狭い。	一番広いのは	
19	AはBより細い。	AはCより太い。	一番太いのは	
20	AはBより浅い。	BはCより浅い。	一番深いのは	
21	AはCより良い。	BはAより良い。	一番良いのは	
22	CはBより低い。	AはBより高い。	一番高いのは	
23	AはCより速い。	BはCより遅い。	一番速いのは	
24	BはAより近い。	AはCより近い。	一番近いのは	
25	AはBより短い。	AはCより長い。	一番長いのは	
26	AはCより軽い。	CはBより軽い。	一番軽いのは	
27	CはAより弱い。	BはAより強い。	一番強いのは	
28	CはBより広い。	BはAより広い。	一番広いのは	
29	BはCより太い。	CはAより太い。	一番太いのは	
30	CはAより浅い。	AはBより浅い。	一番深いのは	

PART 2 EXERCISE 2

ロジカルテスト ❸ 3分

#				解答欄
1	CはAより良い。	CはBより悪い。	一番良いのは	
2	BはAより高い。	BはCより低い。	一番高いのは	
3	CはBより遅い。	CはAより速い。	一番速いのは	
4	BはAより遠い。	BはCより近い。	一番近いのは	
5	AはCより長い。	CはBより長い。	一番長いのは	
6	CはBより軽い。	BはAより軽い。	一番軽いのは	
7	AはBより弱い。	AはCより強い。	一番強いのは	
8	BはAより狭い。	BはCより広い。	一番広いのは	
9	BはCより細い。	CはAより細い。	一番太いのは	
10	AはBより浅い。	CはBより深い。	一番深いのは	
11	BはAより悪い。	AはCより悪い。	一番良いのは	
12	BはAより高い。	CはAより低い。	一番高いのは	
13	CはAより速い。	AはBより速い。	一番速いのは	
14	CはBより近い。	BはAより近い。	一番近いのは	
15	AはCより長い。	BはAより長い。	一番長いのは	
16	BはCより軽い。	AはBより軽い。	一番軽いのは	
17	AはBより強い。	BはCより強い。	一番強いのは	
18	BはAより広い。	CはAより狭い。	一番広いのは	
19	BはCより細い。	AはCより太い。	一番太いのは	
20	AはCより浅い。	CはBより浅い。	一番深いのは	
21	BはAより良い。	CはAより悪い。	一番良いのは	
22	BはCより高い。	CはAより高い。	一番高いのは	
23	AはBより遅い。	CはBより速い。	一番速いのは	
24	CはBより遠い。	CはAより近い。	一番近いのは	
25	BはAより短い。	CはBより短い。	一番長いのは	
26	BはCより軽い。	BはAより重い。	一番軽いのは	
27	CはBより強い。	AはCより強い。	一番強いのは	
28	AはBより広い。	BはCより広い。	一番広いのは	
29	BはCより細い。	BはAより太い。	一番太いのは	
30	BはAより深い。	CはAより浅い。	一番深いのは	

ロジカルテスト ❹ 3分

#				解答欄
1	AはCより悪い。	AはBより良い。	一番良いのは	
2	CはBより高い。	AはCより高い。	一番高いのは	
3	CはBより速い。	AはCより速い。	一番速いのは	
4	AはBより遠い。	CはBより近い。	一番近いのは	
5	BはCより長い。	AはBより長い。	一番長いのは	
6	BはCより軽い。	AはCより重い。	一番軽いのは	
7	AはCより弱い。	BはAより弱い。	一番強いのは	
8	CはBより狭い。	BはAより狭い。	一番広いのは	
9	BはAより細い。	BはCより太い。	一番太いのは	
10	CはAより深い。	BはCより深い。	一番深いのは	
11	CはBより悪い。	BはAより悪い。	一番良いのは	
12	AはCより高い。	BはAより高い。	一番高いのは	
13	AはBより速い。	AはCより遅い。	一番速いのは	
14	CはAより遠い。	AはBより遠い。	一番近いのは	
15	CはAより長い。	AはBより長い。	一番長いのは	
16	BはCより重い。	CはAより重い。	一番軽いのは	
17	BはCより弱い。	AはBより弱い。	一番強いのは	
18	AはBより広い。	AはCより狭い。	一番広いのは	
19	AはBより太い。	BはCより太い。	一番太いのは	
20	AはBより浅い。	AはCより深い。	一番深いのは	
21	CはBより良い。	AはBより悪い。	一番良いのは	
22	AはBより高い。	CはBより低い。	一番高いのは	
23	CはBより遅い。	AはCより遅い。	一番速いのは	
24	BはCより近い。	AはCより遠い。	一番近いのは	
25	AはCより長い。	BはCより短い。	一番長いのは	
26	CはAより軽い。	BはCより軽い。	一番軽いのは	
27	AはCより強い。	AはBより弱い。	一番強いのは	
28	CはAより狭い。	CはBより広い。	一番広いのは	
29	AはBより太い。	CはBより細い。	一番太いのは	
30	CはBより深い。	BはAより深い。	一番深いのは	

ロジカルテスト ❺ 3分

#				解答欄
1	CはAより良い。	BはCより良い。	一番良いのは	
2	CはBより低い。	BはAより低い。	一番高いのは	
3	BはAより速い。	BはCより遅い。	一番速いのは	
4	CはAより近い。	BはCより近い。	一番近いのは	
5	BはCより短い。	BはAより長い。	一番長いのは	
6	BはCより重い。	AはCより軽い。	一番軽いのは	
7	CはBより弱い。	AはBより強い。	一番強いのは	
8	BはAより狭い。	CはBより狭い。	一番広いのは	
9	BはCより太い。	AはBより太い。	一番太いのは	
10	CはBより深い。	CはAより浅い。	一番深いのは	
11	AはCより悪い。	BはCより良い。	一番良いのは	
12	BはAより低い。	AはCより低い。	一番高いのは	
13	CはAより遅い。	BはCより遅い。	一番速いのは	
14	CはBより近い。	AはCより近い。	一番近いのは	
15	CはAより長い。	BはCより長い。	一番長いのは	
16	BはCより重い。	BはAより軽い。	一番軽いのは	
17	AはBより強い。	CはBより弱い。	一番強いのは	
18	BはCより広い。	AはCより狭い。	一番広いのは	
19	AはCより細い。	BはCより太い。	一番太いのは	
20	AはCより深い。	BはCより浅い。	一番深いのは	
21	BはAより悪い。	BはCより良い。	一番良いのは	
22	CはBより高い。	CはAより低い。	一番高いのは	
23	AはBより遅い。	BはCより遅い。	一番速いのは	
24	BはAより遠い。	BはCより近い。	一番近いのは	
25	CはAより短い。	AはBより短い。	一番長いのは	
26	CはBより軽い。	AはBより重い。	一番軽いのは	
27	AはCより強い。	BはCより弱い。	一番強いのは	
28	CはAより広い。	BはAより狭い。	一番広いのは	
29	CはBより細い。	BはAより細い。	一番太いのは	
30	BはCより深い。	BはAより浅い。	一番深いのは	

ロジカルテスト ❻ 3分

#				解答欄
1	CはAより悪い。	CはBより良い。	一番良いのは	
2	AはCより高い。	BはCより低い。	一番高いのは	
3	AはCより速い。	BはAより速い。	一番速いのは	
4	AはCより近い。	BはAより近い。	一番近いのは	
5	BはCより長い。	CはAより長い。	一番長いのは	
6	BはAより重い。	CはAより軽い。	一番軽いのは	
7	BはAより弱い。	AはCより弱い。	一番強いのは	
8	CはAより広い。	CはBより狭い。	一番広いのは	
9	AはBより太い。	AはCより細い。	一番太いのは	
10	BはAより浅い。	AはCより浅い。	一番深いのは	
11	CはAより良い。	BはAより悪い。	一番良いのは	
12	CはAより高い。	BはAより低い。	一番高いのは	
13	BはAより速い。	CはBより速い。	一番速いのは	
14	CはAより近い。	BはAより遠い。	一番近いのは	
15	CはAより長い。	CはBより短い。	一番長いのは	
16	CはAより重い。	BはCより重い。	一番軽いのは	
17	BはAより強い。	AはCより強い。	一番強いのは	
18	BはAより狭い。	AはCより狭い。	一番広いのは	
19	BはCより太い。	AはCより細い。	一番太いのは	
20	CはBより浅い。	CはAより深い。	一番深いのは	
21	CはBより悪い。	AはBより良い。	一番良いのは	
22	BはCより高い。	BはAより低い。	一番高いのは	
23	BはAより速い。	AはCより速い。	一番速いのは	
24	AはCより遠い。	BはCより近い。	一番近いのは	
25	CはAより長い。	AはBより長い。	一番長いのは	
26	AはBより軽い。	BはCより軽い。	一番軽いのは	
27	CはAより強い。	CはBより弱い。	一番強いのは	
28	CはBより狭い。	BはAより狭い。	一番広いのは	
29	BはAより太い。	CはBより太い。	一番太いのは	
30	BはAより浅い。	AはCより浅い。	一番深いのは	

ロジカルテスト ❼ 3分

#				解答欄
1	BはCより良い。	BはAより悪い。	一番良いのは	
2	AはBより低い。	CはBより高い。	一番高いのは	
3	AはBより遅い。	AはCより速い。	一番速いのは	
4	CはBより近い。	CはAより遠い。	一番近いのは	
5	AはBより短い。	CはBより長い。	一番長いのは	
6	BはCより軽い。	BはAより重い。	一番軽いのは	
7	AはBより弱い。	AはCより強い。	一番強いのは	
8	BはAより狭い。	CはAより広い。	一番広いのは	
9	CはAより細い。	BはCより細い。	一番太いのは	
10	AはBより深い。	CはBより浅い。	一番深いのは	
11	CはBより良い。	BはAより良い。	一番良いのは	
12	AはCより低い。	AはBより高い。	一番高いのは	
13	CはBより速い。	CはAより遅い。	一番速いのは	
14	BはAより近い。	BはCより遠い。	一番近いのは	
15	AはCより長い。	AはBより短い。	一番長いのは	
16	CはAより軽い。	BはCより軽い。	一番軽いのは	
17	CはBより弱い。	CはAより強い。	一番強いのは	
18	AはBより広い。	CはBより狭い。	一番広いのは	
19	BはAより細い。	CはAより太い。	一番太いのは	
20	AはCより深い。	AはBより浅い。	一番深いのは	
21	CはBより悪い。	CはAより良い。	一番良いのは	
22	CはAより高い。	BはCより高い。	一番高いのは	
23	AはCより速い。	AはBより遅い。	一番速いのは	
24	CはAより遠い。	BはAより近い。	一番近いのは	
25	AはBより長い。	AはCより短い。	一番長いのは	
26	AはBより軽い。	CはBより重い。	一番軽いのは	
27	AはCより弱い。	BはCより強い。	一番強いのは	
28	AはBより広い。	CはAより広い。	一番広いのは	
29	AはCより太い。	BはCより細い。	一番太いのは	
30	CはBより深い。	AはCより深い。	一番深いのは	

ロジカルテスト解答

ロジカルテスト ❶

No.	1	2	3	4	5	6	7	8	9	10	11	12	13	14	15
正解	C	A	C	A	C	C	C	B	C	A	B	C	A	B	C

No.	16	17	18	19	20	21	22	23	24	25	26	27	28	29	30
正解	B	C	B	B	A	C	B	A	A	C	C	C	B	B	A

ロジカルテスト ❷

No.	1	2	3	4	5	6	7	8	9	10	11	12	13	14	15
正解	C	A	B	A	B	B	B	C	B	B	A	C	B	C	B

No.	16	17	18	19	20	21	22	23	24	25	26	27	28	29	30
正解	B	C	A	B	C	B	A	A	B	B	A	B	C	B	B

ロジカルテスト ❸

No.	1	2	3	4	5	6	7	8	9	10	11	12	13	14	15
正解	B	C	B	A	A	C	B	A	A	C	C	B	C	C	B

No.	16	17	18	19	20	21	22	23	24	25	26	27	28	29	30
正解	A	A	B	A	B	B	B	C	B	A	A	A	A	C	B

ロジカルテスト ❹

No.	1	2	3	4	5	6	7	8	9	10	11	12	13	14	15
正解	C	A	A	C	A	B	C	A	A	B	A	B	C	B	C

No.	16	17	18	19	20	21	22	23	24	25	26	27	28	29	30
正解	A	C	C	A	B	C	A	B	B	A	B	B	A	A	C

ロジカルテスト ❺

No.	1	2	3	4	5	6	7	8	9	10	11	12	13	14	15
正解	B	A	C	B	C	A	A	A	A	A	B	C	A	A	B

No.	16	17	18	19	20	21	22	23	24	25	26	27	28	29	30
正解	C	A	B	B	A	A	C	A	B	C	A	C	A	A	A

ロジカルテスト ❻

No.	1	2	3	4	5	6	7	8	9	10	11	12	13	14	15
正解	A	A	B	B	B	C	C	B	C	C	C	C	C	C	B

No.	16	17	18	19	20	21	22	23	24	25	26	27	28	29	30
正解	A	B	C	B	B	A	B	B	B	C	A	B	A	C	C

ロジカルテスト ❼

No.	1	2	3	4	5	6	7	8	9	10	11	12	13	14	15
正解	A	C	B	A	C	A	B	C	A	A	C	C	C	A	B

No.	16	17	18	19	20	21	22	23	24	25	26	27	28	29	30
正解	B	B	A	C	B	B	B	B	B	C	A	B	C	A	A

EXTRA Training
ロジカルテスト Bタイプ

　基本的なトレーニング方法は、通常のロジカルテストと同じです（143ページ参照）。異なる点は、Bタイプの場合、答えはA～Cの中にあるとは限らないうえ、ワーストを答えさせる設問も入っている点です。

　正解がない場合は、解答欄に「／」、あるいは「×」と記入します。

　初めは少し戸惑うでしょうが、Aタイプが2分前後になっていれば、Bタイプでも問題なく3分で終了できるようになります。ロジカルテストは、あくまでも速く正解を得ることを目的にしましょう。目標は、9割以上の正解率で1分30秒です。

設問 　AはBより遅い。　AはCより遅い。　一番速いのは？

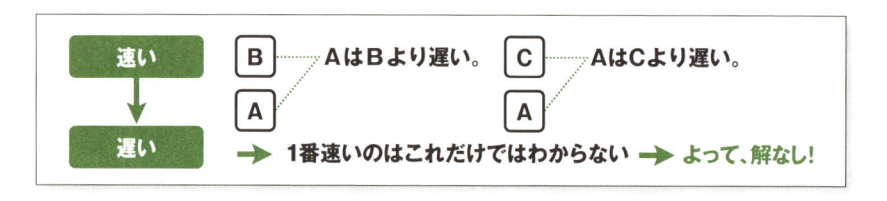

速い → 遅い

B — AはBより遅い。　　C — AはCより遅い。
A　　　　　　　　　　　A

→ 1番速いのはこれだけではわからない　→　よって、解なし！

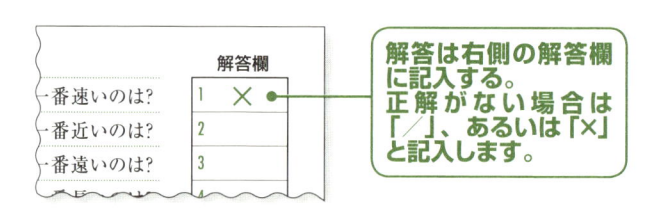

解答欄
- 一番速いのは？　1　×
- 一番近いのは？　2
- 一番遠いのは？　3

解答は右側の解答欄に記入する。
正解がない場合は「／」、あるいは「×」と記入します。

ロジカルテスト Bタイプ解答

No.	1	2	3	4	5	6	7	8	9	10	11	12	13	14	15
正解	A	C	C	A	C	C	×	B	×	C	C	×	A	C	C

No.	16	17	18	19	20	21	22	23	24	25	26	27	28	29	30
正解	A	A	×	A	A	B	B	×	B	A	C	A	B	C	×

#				解答欄
1	BはAより細い。	CはBより細い。	一番太いのは	1
2	BはAより細い。	CはBより細い。	一番細いのは	2
3	BはAより高い。	CはAより低い。	一番低いのは	3
4	CはAより近い。	CはBより遠い。	一番遠いのは	4
5	BはCより強い。	CはAより弱い。	一番弱いのは	5
6	CはBより広い。	BはAより広い。	一番広いのは	6
7	AはCより長い。	BはCより長い。	一番長いのは	7
8	BはCより太い。	BはAより太い。	一番太いのは	8
9	CはBより長い。	AはBより長い。	一番長いのは	9
10	AはCより近い。	BはAより近い。	一番遠いのは	10
11	AはCより強い。	CはBより弱い。	一番弱いのは	11
12	CはBより長い。	BはAより短い。	一番長いのは	12
13	BはCより速い。	AはCより遅い。	一番遅いのは	13
14	AはBより長い。	CはAより長い。	一番長いのは	14
15	AはBより軽い。	BはCより軽い。	一番重いのは	15
16	AはCより軽い。	BはCより重い。	一番軽いのは	16
17	BはCより狭い。	CはAより狭い。	一番広いのは	17
18	CはBより狭い。	AはCより広い。	一番広いのは	18
19	AはCより深い。	CはBより深い。	一番深いのは	19
20	CはBより強い。	BはAより強い。	一番弱いのは	20
21	CはBより高い。	AはCより高い。	一番低いのは	21
22	BはCより遠い。	AはBより近い。	一番遠いのは	22
23	AはCより良い。	BはCより良い。	一番良いのは	23
24	AはCより速い。	BはAより速い。	一番速いのは	24
25	CはBより短い。	BはAより短い。	一番長いのは	25
26	BはAより長い。	BはCより短い。	一番長いのは	26
27	CはAより太い。	CはBより細い。	一番細いのは	27
28	CはBより速い。	BはAより遅い。	一番遅いのは	28
29	AはCより弱い。	AはBより強い。	一番強いのは	29
30	AはCより太い。	BはCより太い。	一番太いのは	30

PART 2　EXERCISE 2

言葉（単語）をイメージする
イメージ記憶

ことさら意図しなくても言葉のイメージが反射的に浮かび、
文章の意味が短時間で把握できるようになるための基礎トレーニングです。
記憶力アップの決定打となります。

トレーニング目的

　ここで得たイメージによる記憶の感覚が実際の読書で活かされてくると、文章の要点を素早く記憶し、ラクに思い出せるようになります。

　そして、はっきりとイメージを浮かべることができるようになれば、それはより深い記憶の貯蔵庫に残り、意識的には忘れても、思い出すのが可能なものとして定着します。

　このトレーニングでの記憶の努力は、頭の中で忘れまいと必死になることではなく、簡単に忘れてしまうけれども、必要なときにはまたラクに思い出せるようにするためのものです。

トレーニング方法　記憶2分　書き2分30秒

　イメージ記憶は、上下に並べた2つの語を素早く見て、それぞれの語の呼び起こすイメージ（具体的に見える姿・形）を心に浮かべ、それを結びつけてひとまとまりのイメージとして記憶するトレーニングです。イメージで結びつけていくほうが丸暗記で記憶するよりも速く、確実に記憶に残ります。

　イメージの浮かべ方は、自分だけがわかるような、おおげさで突拍子もないイメージをしたほうが、たくさん覚えられます。

　同じページを2回繰り返すので、2回目は1回目より無駄な力が抜けます。まず、1回目はそのページ全体にチャレンジ（上段だけにならないように）。そして、2回目はパーフェクトをねらって集中しましょう。

イメージの仕方と記入方法

問題は、上下で2個1組の単語が1ページに2段ずつ並んでいます。組になった2つの語の間には、意図的な関係はまったくありません。〔記入用紙〕は、〔問題〕に対応した内容で、単語の下段が空欄になっています。

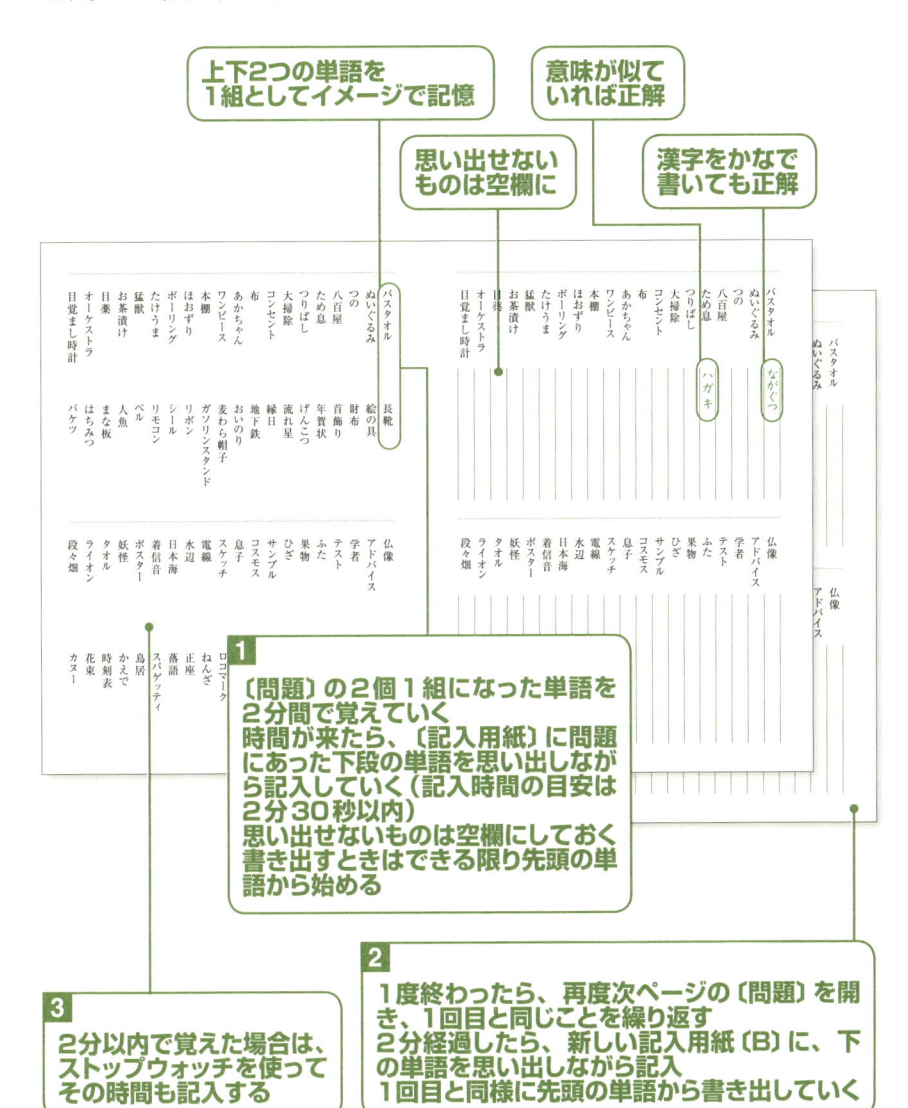

- 上下2つの単語を1組としてイメージで記憶
- 意味が似ていれば正解
- 思い出せないものは空欄に
- 漢字をかなで書いても正解

1 〔問題〕の2個1組になった単語を2分間で覚えていく
時間が来たら、〔記入用紙〕に問題にあった下段の単語を思い出しながら記入していく（記入時間の目安は2分30秒以内）
思い出せないものは空欄にしておく
書き出すときはできる限り先頭の単語から始める

2 1度終わったら、再度次ページの〔問題〕を開き、1回目と同じことを繰り返す
2分経過したら、新しい記入用紙〔B〕に、下の単語を思い出しながら記入
1回目と同様に先頭の単語から書き出していく

3 2分以内で覚えた場合は、ストップウォッチを使ってその時間も記入する

PART 2　EXERCISE 2

記録カードの記入方法

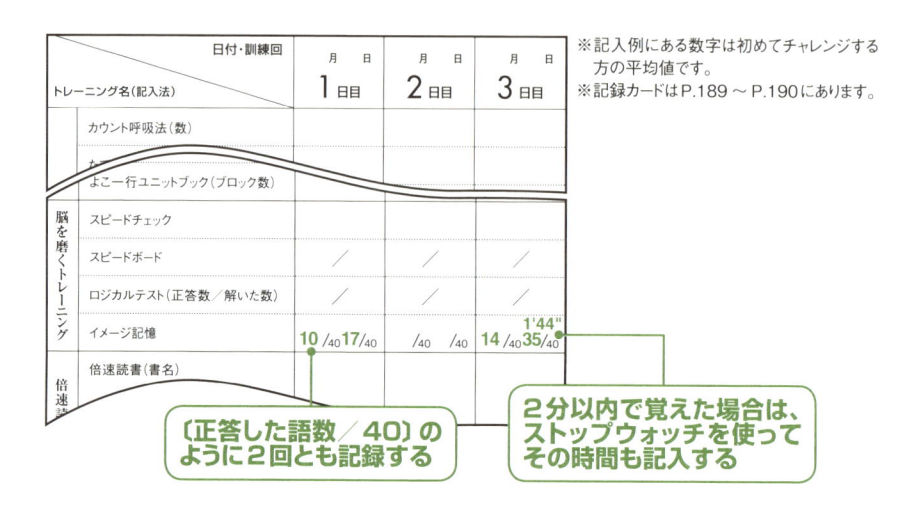

日付・訓練回 トレーニング名（記入法）	月　日 1日目	月　日 2日目	月　日 3日目
カウント呼吸法（数）			
よこ一行ユニットブック（ブロック数）			
スピードチェック			
スピードボード	／	／	／
ロジカルテスト（正答数／解いた数）	／	／	／
イメージ記憶	10/40 17/40	/40 /40	1'44" 14/40 35/40
倍速読書（書名）			

※記入例にある数字は初めてチャレンジする方の平均値です。
※記録カードはP.189～P.190にあります。

〔正答した語数／40〕のように2回とも記録する

2分以内で覚えた場合は、ストップウォッチを使ってその時間も記入する

ADVICE

　イメージづけと混同しがちなものに、"理屈づけ"があります。たとえば、「新幹線―靴」という語の組合せを、「新幹線も靴も人間の移動手段だ」などと共通点を探したり、納得のいく関係づけをしようとするものです。これは、ここでいうイメージとは根本的に意味が違います。心のなかに1枚の絵（または1つのお話）としてイメージすることが大切です。
　文字、文章をリアルにイメージ化することができるようになると、長い間忘れず、驚くほど頭に残るようになります。丸暗記の覚え方がクセになっている方には時間のかかるトレーニングですが、ぜひ地道に継続してください。あるときを境にして、急にできるようになります。目標は1回目20/40（1分）、2回目35/40（1分）です。

イメージ記憶 ❶ 記憶2分

誕生日　レンタル
メートル　命
迫力　バトン
放送　意地悪
先生　新年
性格　薬
気分　レコード
日帰り　早春
ヨーグルト　砦
クリーニング　親孝行
古典　小麦粉
テクニック　土曜日
駅長　まき割り
偉人　フランス料理
トイレ　酸素
アルコール　玄関
メロディ　収入
糸　しし座
ベストセラー　塀
堀　耳かき

水がめ　紅葉
夕日　矢印
困難　深海魚
ドーナツ　宗教
ヘッドホン　招き猫
筆　マムシ
画家　ビル
ブロック　手まねき
表情　先輩
天才　アルミニウム
支配人　記憶
湯気　そうめん
キャンドル　肉まん
台風　ヘリコプター
イカ　海
アイスクリーム　七夕
バス停　船長
肩　ミルク
たすき　経験
フェア
未来

PART 2 EXERCISE 2

記入用紙 ❶ 1回目　書き2分30秒

誕生日
メートル
迫力
放送
先生
性格
気分
日帰り
ヨーグルト
クリーニング
古典
テクニック
駅長
偉人
トイレ
アルコール
メロディ
糸
ベストセラー
堀

水がめ
夕日
困難
ドーナツ
筆
画家
ブロック
表情
天才
支配人
台風
キャンドル
湯気
イカ
アイスクリーム
バス停
肩
たすき
フェア
未来

記入用紙 ❶ 2回目　書き2分30秒

誕生日
メートル
迫力
放送
先生
性格
気分
日帰り
ヨーグルト
クリーニング
古典
テクニック
駅長
偉人
トイレ
アルコール
メロディ
糸
ベストセラー
堀

水がめ
夕日
困難
ドーナツ
筆
画家
ブロック
表情
天才
支配人
湯気
イカ
アイスクリーム
キャンドル
台風
バス停
肩
たすき
フェア
未来

PART 2 EXERCISE 2

イメージ記憶 ❷　記憶2分

フラメンコ	小熊
炊飯器	堤防
休み	長髪
頂上	こうのとり
プラネタリウム	胸像
掃除機	九州
苦情	塔
学校	カキ氷
髪型	素人
冬	かわりばんこ
ビール	バタフライ
変化	メダル
保険	地下室
ラジオ	地球儀
ベル	どんぶり
歩行者	景色
天気	リセット
逆境	うつぶせ
鉛筆	保証
果物	歌声

町	シベリア
バット	葉っぱ
早口	興奮
ストレート	弓矢
てんとう虫	憲法
ドライブ	日焼け
保護者	木馬
パーティー	鉄棒
値段	消臭
貝	ベランダ
エネルギー	参加者
相談	末っ子
連絡	フグ
グライダー	聴診器
野球	指輪
形式	パレード
ポスト	海水浴
アーケード	栞
新聞	お寺
あぶり出し	宣伝

記入用紙 ❷ 1回目　書き2分30秒

フラメンコ　炊飯器　休み　頂上　プラネタリウム　掃除機　苦情　学校　髪型　冬　ビール　変化　保険　ラジオ　ベル　歩行者　天気　逆境　鉛筆　果物

町　バット　早口　ストレート　てんとう虫　ドライブ　保護者　パーティー　値段　貝　エネルギー　相談　連絡　グライダー　野球　形式　ポスト　アーケード　新聞　あぶり出し

PART 2　EXERCISE 2

記入用紙 ❷ 2回目　書き2分30秒

フラメンコ
炊飯器
休み
頂上
プラネタリウム
掃除機
苦情
学校
髪型
冬
ビール
変化
保険
ラジオ
ベル
歩行者
天気
逆境
鉛筆
果物

町
バット
早口
ストレート
てんとう虫
ドライブ
保護者
パーティー
値段
貝
エネルギー
相談
連絡
グライダー
野球
形式
ポスト
アーケード
新聞
あぶり出し

イメージ記憶 ❸ 記憶2分

上	下
タオル	予防接種
おにぎり	さかさま
機械	見当
イラスト	菊
ジーンズ	セイウチ
日食	盆地
芸術	電子レンジ
居心地	お殿様
砂時計	卵
返品	アーモンド
暖房	メモ帳
油絵	レタス
重要	ビニール袋
ティッシュペーパー	懐中時計
つまようじ	ポップコーン
兵士	眼鏡
足音	おこづかい
桃	スクール
座席	予算
ネックレス	歌舞伎

【下段】

上	中	下
医者	短歌	宇宙飛行士
レール	アンケート	噴水
超能力	チラシ	アイドル
アルファベット	伝記	王様
品質	魔法	津波
充電器	冷蔵庫	弓道
—	—	虹色
—	—	メロンパン
—	—	空き地
—	—	くらげ
—	—	お土産
—	—	思い出
—	—	牛丼
チャック	カメラ	霜柱
石垣	マンション	ペンキ
卵焼き	竹刀	アサガオ
ストライプ	ボタン	汽笛
—	—	息子
—	—	毛虫
—	—	いのしし

PART 2 — EXERCISE 2

記入用紙 ❸ 1回目　書き2分30秒

タオル
おにぎり
機械
イラスト
ジーンズ
日食
芸術
居心地
砂時計
返品
暖房
油絵
重要
ティッシュペーパー
つまようじ
桃
足音
兵士
座席
ネックレス

医者
レール
超能力
短歌
アンケート
チラシ
伝記
魔法
冷蔵庫
充電器
品質
アルファベット
チャック
カメラ
石垣
マンション
卵焼き
竹刀
ストライプ
ボタン

記入用紙 ❸ 2回目　書き2分30秒

タオル
おにぎり
機械
イラスト
ジーンズ
日食
芸術
居心地
砂時計
返品
暖房
油絵
重要
ティッシュペーパー
つまようじ
兵士
足音
桃
座席
ネックレス

医者
レール
超能力
短歌
アンケート
チラシ
伝記
魔法
冷蔵庫
充電器
品質
アルファベット
チャック
カメラ
石垣
マンション
卵焼き
竹刀
ストライプ
ボタン

PART 2 EXERCISE 2

イメージ記憶 ④ 記憶2分

衣装　終了　ジャズ　サンゴ　リスト　ガイド　白衣　革命　研究所　薬指
オレンジ色　習字　農村　リボン　戦国時代　寄せ鍋　カモメ　鴨　パイプ　レギュラー

日本列島　オルガン　山道　氷　遊園地　ろくでなし　ゼリー　担当者　事故　親戚
化粧　銀行　宝くじ　仲良し　陽炎　浮き輪　地球　小豆　眺め　どじょう

高速道路　パントマイム　赤信号　プラモデル　指揮官　松　泣き虫　クラスメート　英語　百円玉
彫刻刀　アゲハチョウ　ケンカ　陶芸　知識　ボクシング　キツネ　チーズ　公園　打ち消し

アヒル　十字路　厚着　赤信号　大統領　すずめ　復活　お祭り　ホッケー　しょう油　龍
教会　砂浜　暗闇　奥さん　応援　校舎　パスポート　美術館　似顔絵　評価

記入用紙 ❹ 1回目　書き2分30秒

衣装
終了
ジャズ
サンゴ
リスト
白衣
ガイド
革命
研究所
薬指
オレンジ色
習字
農村
リボン
戦国時代
寄せ鍋
カモメ
鴨
パイプ
レギュラー

アヒル
十字路
厚着
大統領
すずめ
復活
お祭り
ホッケー
しょう油
龍
教会
砂浜
暗闇
奥さん
応援
校舎
パスポート
美術館
似顔絵
評価

PART 2 EXERCISE 2

記入用紙 ❹ 2回目　書き2分30秒

衣装
終了
ジャズ
サンゴ
リスト
白衣
ガイド
革命
研究所
薬指
オレンジ色
習字
農村
リボン
戦国時代
寄せ鍋
カモメ
鴨
パイプ
レギュラー

アヒル
十字路
厚着
大統領
すずめ
復活
お祭り
ホッケー
しょう油
龍
教会
砂浜
暗闇
奥さん
応援
校舎
パスポート
似顔絵
美術館
評価

イメージ記憶 ⑤　記憶2分

健康	キャッチボール
時代劇	砂丘
整理	伝言
街角	ダム
挫折	そば
ズボン	音符
冬眠	体育館
レインボー	地面
帰り道	海草
トマト	お湯
電話番号	通路
薬局	キャンペーン
お皿	掛け軸
ネクタイ	アレルギー
炎	マスク
バス	ピエロ
クレープ	軽快
フィルム	受付
青虫	空振り
ハチ	栄養

下駄	マグマ
ぞうり	ひざ
アドバイス	ピストル
小鳥	星
河原	単細胞
骨組み	すし詰め
塾	スプーン
海苔	シルクハット
親指	爆弾
学生	ダンボール
かぶと虫	スケート
戦い	怪獣
風呂	調味料
仕事	限定
チョコレート	腰
思い出	昔話
灰皿	足
山脈	特急列車
ボンド	詩人
専門家	うぐいす

PART 2　EXERCISE 2

記入用紙 ❺　1回目　書き2分30秒

健康
時代劇
整理
街角
挫折
ズボン
冬眠
レインボー
帰り道
トマト
電話番号
薬局
お皿
ネクタイ
炎
バス
クレープ
フィルム
青虫
ハチ

下駄
ぞうり
アドバイス
小鳥
河原
骨組み
塾
海苔
親指
学生
かぶと虫
戦い
風呂
仕事
チョコレート
思い出
灰皿
山脈
ボンド
専門家

記入用紙 ❺ 2回目　書き2分30秒

健康　時代劇　整理　街角　挫折　ズボン　冬眠　レインボー　帰り道　トマト　電話番号　薬局　お皿　ネクタイ　炎　バス　クレープ　フィルム　青虫　ハチ

下駄　ぞうり　アドバイス　小鳥　河原　骨組み　塾　海苔　親指　かぶと虫　学生　戦い　風呂　仕事　チョコレート　思い出　灰皿　山脈　ボンド　専門家

PART 2 EXERCISE 2

イメージ記憶 ❻　記憶2分

ニュース	ダンス
鬼ごっこ	花見
文章	スター
じゃんけん	袋
洗たく	お地蔵さん
ピザ	ラストスパート
ヨーロッパ	ハンバーガー
ビデオカメラ	オーケストラ
煙突	笹
演説	工場
アブ	葉巻
網	演劇
音楽家	子供
腕立て伏せ	アナウンサー
石油	空気
スピーカー	水滴
なぞなぞ	ヒノキ
めざし	なまず
農作物	選手
噴火	アイスホッケー

自由	イチョウ
サル	マナー
引越し	大臣
高原	大胆
挿絵	営業
清潔	言語
スパイ	トビウオ
アジア	たいこ
レンズ	よろこび
推薦	社長
夜ふけ	国境
お茶	扇風機
打ち合わせ	アジサイ
縄	ランドセル
歴史	お姫様
ミント	古本
牛乳	女優
メッセージ	ブランコ
ハンコ	恋人
コップ	カツラ

記入用紙 ❻ 1回目　書き2分30秒

ニュース
鬼ごっこ
文章
じゃんけん
洗たく
ピザ
ヨーロッパ
ビデオカメラ
煙突
演説
アブ
網
音楽家
腕立て伏せ
石油
スピーカー
なぞなぞ
めざし
農作物
噴火

自由
サル
引越し
高原
挿絵
清潔
スパイ
アジア
レンズ
推薦
お茶
夜ふけ
打ち合わせ
縄
歴史
ミント
牛乳
メッセージ
ハンコ
コップ

PART 2　EXERCISE 2

記入用紙 ❻ 2回目　書き2分30秒

ニュース
鬼ごっこ
文章
じゃんけん
洗たく
ピザ
ヨーロッパ
ビデオカメラ
煙突
演説
アブ
網
音楽家
腕立て伏せ
石油
スピーカー
なぞなぞ
めざし
農作物
噴火

自由
サル
引越し
高原
挿絵
清潔
スパイ
アジア
レンズ
推薦
夜ふけ
お茶
打ち合わせ
縄
歴史
ミント
牛乳
メッセージ
ハンコ
コップ

イメージ記憶 ❼　記憶2分

かぜ薬　航空機
裸足　グッピー
バッタ　ジェットコースター
消火器　財布
十字架　カスタネット
笑顔　回復
うさぎ　声
煙　パンダ
眼帯　やけど
先生　伝統
特産物　湧き水
電波　牛タン
ストロボ　くさり
えくぼ　オムレツ
春　商店街
エレベータ　リサイクル
痛み　エプロン
建築家　輸入
根性　ヒント
リズム　ペット

ボール　危険
包装　ビジネス
港　アスパラガス
大家族　食堂
シチュー　瓦礫
横断歩道　ライオン
イメージ　時計
フットボール　共和国
バスタオル　制限
日本酒　和紙
デート　文通
こぶ　写真
喫茶店　人差し指
インク　かたつむり
腕相撲　おばけ
介護　ジャム
余裕　関係
小枝　ニューヨーク
ブルーベリー　おすすめ
甘酒　カード

PART 2　EXERCISE 2

記入用紙 ❼　1回目　書き2分30秒

かぜ薬
裸足
バッタ
消火器
十字架
笑顔
うさぎ
煙
眼帯
先生
特産物
電波
ストロボ
えくぼ
春
エレベータ
痛み
建築家
根性
リズム

ボール
包装
港
大家族
シチュー
横断歩道
イメージ
フットボール
バスタオル
日本酒
デート
こぶ
喫茶店
インク
腕相撲
介護
余裕
小枝
ブルーベリー
甘酒

記入用紙 ❼ 2回目　書き2分30秒

リズム　根性　建築家　痛み　エレベータ　春　えくぼ　ストロボ　電波　特産物　先生　眼帯　煙　うさぎ　笑顔　十字架　消火器　バッタ　裸足　かぜ薬

甘酒　ブルーベリー　小枝　余裕　介護　腕相撲　インク　喫茶店　こぶ　デート　日本酒　バスタオル　フットボール　イメージ　横断歩道　シチュー　大家族　港　包装　ボール

EXTRA Training
イメージ読み

　段落を意識して読むトレーニングで、内容を素早く、正確に理解する力をアップさせます。内容をうまく要約する訓練にもなります。

　トレーニング方法は、まずシート上段の文章を制限時間（2分）内に読みます。制限時間内であれば、何度読み返してもかまいません。コツは、まずは段落を意識して読むこと。また、**書かれている言葉を覚えようとするよりも、著者の「意見、主張、展開の仕方」を読み取ろう**としてください。

　制限時間がきたら読むのをやめて、シート下段の記入欄に、先ほど読んだ文章の内容を思い出しながら、各段落ごとに記入していきます。

　解答欄には各段落の最初の分節、句、あるいは文が記されています。これらをヒントに各段落の内容を思い出して書き出していきます。

　自分の言葉で表現してもかまいませんが、つねに話の展開を意識して書き出してください。解答欄に1行以上、書ければ正解です。記入する時間は5分間です。

> タイトルはメインテーマ。つねにタイトルを意識した読み方を心がける

> よい文章には必ず書き手の答え（読み手に伝えたいこと）が用意されている

> 読む時間に余裕があったら、細部を覚えようとするよりも話の流れを短時間で思い浮かべてみる

> 慣れないうちは「3S」「整頓」などの単語でもかまわない。とにかく何かを書き出す

> 少し慣れてきたら、多少間違ってもよいので、「人との出会いと感謝の心が幸運を引き寄せる」などと自分の文章にしてみる

いい言葉を使うとプラスの磁場が生まれ、すべてはよい方向に向かう

読み **2分**

❶ 心の3S（注 3S＝整理、整頓、清掃）における「整頓」とはなにか。私が考えるにそれは、「清掃」で等身大の自分に戻ったうえで、できる限りいい言葉を使うということです。「整頓」された作業環境が業務を効率的に進めるのと同様に、プラスの言葉を使うと、すべてはよい方向に現実化していきます。言葉にも魂が宿っているのです。

❷ 心を込めて清められた職場環境はプラスの磁場を生み、仕事に好影響をもたらします。工場を見学に来られた方が「こんなにきれいな工場なら、品質管理も優れているに違いない」と注文をくださるとか。

❸ プラスの言葉を使うと、それと同じことが起きます。「ありがとうございます」「感謝します」「ツイています」こういったプラスの言葉を使っていると、応援してくださる人が増え、いい出来事がさらに集まってきます。振り返ってみれば、応援してくださる方々との出会いがあるからこそ、いまの枚岡合金工具はあります。

❹ 哲学者であり教育者でもある森信三先生の言葉に、「人間は一生のうちに逢うべき人には必ず逢える。しかも一瞬早過ぎず、一瞬遅過ぎない時に」とありますが、まさにその通りのことが現実に起きているのです。

❺ 経営にツキと運をもたらす方法があります。ツキとは人との出会いなのです。私は大勢の皆さんとの出会いによって運が開けました。運とは、感謝の心なのです。運を継続する源は、「すべてのことに感謝する」「生かされていることに感謝する」ことなのです。ツキと幸運ある人とお付き合いさせていただくことが、幸運を引き寄せるコツなのです。

問題 各段落を冒頭に書かれた言葉をヒントにまとめてみましょう。
（ ）内の数は、該当の段落を構成している文章の数です。

書き **5分**

解答欄 いい言葉を使うとプラスの磁場が生まれ、すべてはよい方向に向かう

❶(4文) 心の3Sにおける

❷(2文) 心を込めて清められた

❸(6文) プラスの言葉を使うと、

❹(1文) 哲学者であり教育者でもある

❺(6文) 経営にツキと運をもたらす

※文章は『儲けとツキを呼ぶ「ゴミゼロ化」工場の秘密』古芝保治著、弊社刊より抜粋。

EXERCISE 3

EYE & BRAIN Training

倍速読書トレーニング

目と脳のコラボレーション

エクササイズ3で紹介するのは、文字や文章を広く見る力や読書内容に集中していく力を活用しながら、実際の読書で実践していくトレーニングです。ポイントは、「だいたいのあらすじがわかる」という感覚をつかむことです。

PART 2　EXERCISE 3

本を速く・多く読む感覚をつかむ
倍速読書トレーニング

まず、読みやすい文庫・単行本を用意（1分単位で進んでいくトレーニングなので、あまりに短い短編やエッセイ、詩歌・歌集は除く）。
小説やビジネス書など、自分で読みたいと思う本でトライ！

トレーニング目的

　倍速読書は、速読のためのいわば運転免許でいう"路上教習"にあたるものです。**本のページを見るときの注意点は、一字一句にこだわらずに目をラクにして、広い範囲の文字（できればページ全体）を眺める感じを維持することです。**

　理解度Aでも、読んでいる行だけでなく、その数行先まで視野に入れるように注意します。読む速度を上げるときは、大体こんなことかなと思ったら、どんどん読み進めます。あるいは、本の内容に疑問や問題意識、展開の予想などを持ち、広い範囲の内容を大づかみにとらえていきます。

トレーニング方法　1分×12回

　用意した本をキッチンタイマーなどの指示に従って、1回ごとに時間で区切って読み進めていきます。そのつど読んだ合計ページ数を記入します。

　次ページの、「理解度メジャー」を参考に、内容の理解度を「A」「A⁻」「B」「C」「D」で自己評価して記入します。読字数は、あとでまとめて計算します。

　このとき、毎回、トレーニング用紙にある理解度レベルの理解度の指示に従って読むページ数を2倍、4倍と増やしていくのが、このトレーニングのポイントです。

　それぞれの理解度レベルでの読み方を繰り返し、最後に理解度Aまたは理解度A⁻で読んで、速度アップを自分で確認します。

　2倍速、4倍速のレベルのページ数は努力目標ではなく、ノルマと考えます。理解度C・Dで次へ進むのが苦しい場合は、同じところをもう1回だけ読んでも（その場合は理解度Bで）かまいません。

EYE&BRAIN Training

タイマーの音声に従ってトレーニングを進める

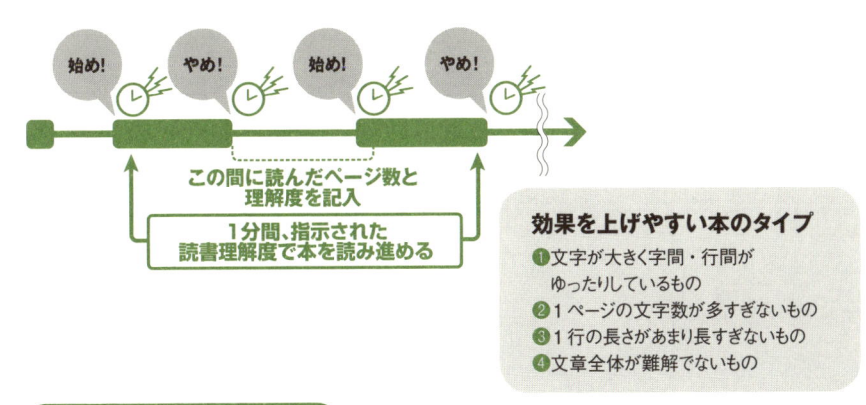

始め！　やめ！　始め！　やめ！

この間に読んだページ数と理解度を記入

1分間、指示された読書理解度で本を読み進める

効果を上げやすい本のタイプ
1. 文字が大きく字間・行間がゆったりしているもの
2. 1ページの文字数が多すぎないもの
3. 1行の長さがあまり長すぎないもの
4. 文章全体が難解でないもの

理解度メジャーについて

　理解度メジャーは、あくまでも目安です。客観的な基準ではないので、これによって他人と比較しても意味はありません。もっと微妙なところを記録したいときには、B^+、B^-などの中間的な基準を自分でつくってもかまいません。**自分としての理解度がどうか、ということがわかればよいのです。**

理解度メジャーと内容

理解度	内容
理解度 A	自分なりに十分に内容が理解できるという状態。このときの読む速さがトレーニングの基準になる。この速さが向上することで、トレーニングの効果が確認できる。
理解度 A^-	内容は十分に理解できているが、速く読もうとしているときの理解度。新聞・雑誌等の日常読むような文章は、つねにこのスピードで読むことを心がけよう。
理解度 B	だいたいの話の筋をつかむことができるというのが理解度Bの目安。理解度Aの読書で1分間に読めたページ数の2倍のページ数に、1分間で目を通すことを目標にする。
理解度 C	理解度Bの読書で、実際に達成できたページ数のさらに2倍のページを1分間で目を通すことが目標。理解度がAのときの4倍速には必ずしもならない。ところどころわかるところがあるのが理解度Cになる。
理解度 D	スピードが速くて、ほとんど内容が理解できない状態。いわゆる"読書の常識（全部をよく理解しながら読む）"からすると一見、無価値と思えるが、実はこのスピードトレーニングは重要。速読が上達する人ほど、理解度CやDのトレーニングを怖がらない。

PART 2　EXERCISE 3

読む速度のレベルについて

　速度レベルを上げていくことで、理解度Aでの速度が伸びてきます。スピードに慣れてくると、理解度Bでも安定して読めるようになります。

　理解度C・Dレベルのトレーニング目的は、基本的に2倍速レベルの実力を引き上げるために、よりハードな体験を積むことにあります。さらに慣れるに従って、理解度C・Dレベルのスピードでも理解度B程度の理解ができるようになります。**ポイントは、「伸びる」ではなく「伸ばす」ことを心がけることです。**

記録カードの記入方法

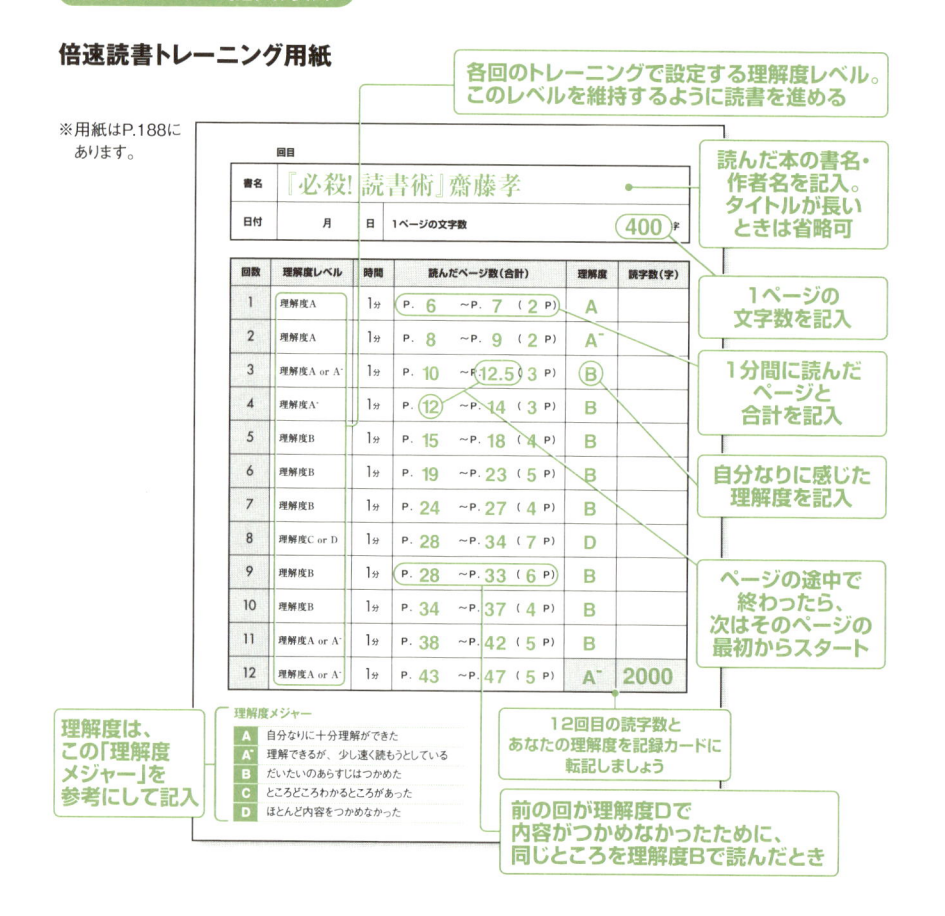

倍速読書トレーニング用紙

※用紙はP.188にあります。

各回のトレーニングで設定する理解度レベル。このレベルを維持するように読書を進める

読んだ本の書名・作者名を記入。タイトルが長いときは省略可

回数	理解度レベル	時間	読んだページ数（合計）	理解度	読字数（字）
1	理解度A	1分	P. 6 ～P. 7 （2 P）	A	
2	理解度A	1分	P. 8 ～P. 9 （2 P）	A⁻	
3	理解度A or A⁻	1分	P. 10 ～P.12.5（3 P）	B	
4	理解度A⁻	1分	P. 12 ～P. 14 （3 P）	B	
5	理解度B	1分	P. 15 ～P. 18 （4 P）	B	
6	理解度B	1分	P. 19 ～P. 23 （5 P）	B	
7	理解度B	1分	P. 24 ～P. 27 （4 P）	B	
8	理解度C or D	1分	P. 28 ～P. 34 （7 P）	D	
9	理解度B	1分	P. 28 ～P. 33 （6 P）	B	
10	理解度B	1分	P. 34 ～P. 37 （4 P）	B	
11	理解度A or A⁻	1分	P. 38 ～P. 42 （5 P）	B	
12	理解度A or A⁻	1分	P. 43 ～P. 47 （5 P）	A⁻	2000

書名：『必殺!読書術』齋藤孝
日付：月　日　1ページの文字数：400字

- **1ページの文字数を記入**
- **1分間に読んだページと合計を記入**
- **自分なりに感じた理解度を記入**
- **ページの途中で終わったら、次はそのページの最初からスタート**

理解度メジャー
- A　自分なりに十分理解ができた
- A⁻　理解できるが、少し速く読もうとしている
- B　だいたいのあらすじはつかめた
- C　ところどころわかるところがあった
- D　ほとんど内容をつかめなかった

理解度は、この「理解度メジャー」を参考にして記入

12回目の読字数とあなたの読字数を記録カードに転記しましょう

前の回が理解度Dで内容がつかめなかったために、同じところを理解度Bで読んだとき

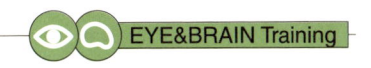

読字数の計算式

| 1ページあたりの文字数 | × | 読んだページ数 | = | 読字数 |

※1ページあたりの文字数は、(1行の文字数)×(1ページの行数)で計算してもかまいません。
※端数は切り捨て。例・756字=700字。684字=600字

BTRメソッド速読トレーニング 記録カード

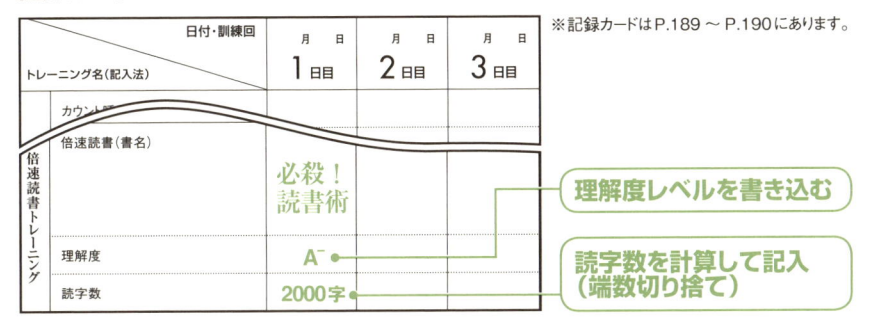

※記録カードはP.189〜P.190にあります。

トレーニング名(記入法)	日付・訓練回	月 日 1日目	月 日 2日目	月 日 3日目
倍速読書トレーニング	カウント 倍速読書(書名)	必殺! 読書術		
	理解度	A⁻		
	読字数	2000字		

- 理解度レベルを書き込む
- 読字数を計算して記入(端数切り捨て)

ADVICE

効果を上げるために、最後の1分間で目を通したなかに書かれていた内容を、あらすじの形で書き出してみましょう。このときのポイントは、要点を押さえながら全体の流れを簡単に書くようにすることです。

あらすじを思い出しながら同時に文章にまとめるのは意外と難しいものです。内容を忘れないためにも、文章として書き出す前に、人物名やポイントを図などの形で簡単にメモする癖をつけましょう。倍速読書の目標は、1回目理解度Aのページ数を12回目で2倍以上にすることです。理解度もAまたはA⁻で。

PART 2　EXERCISE 3

倍速読書トレーニング用紙

※コピーしてお使いください。

　　　　回目

書名	
日付　　　月　　　日	1ページの文字数　　　　　　　　字

回数	理解度レベル	時間	読んだページ数(合計)	理解度	読字数(字)
1	理解度 A	1分	P.　　～P.　（　　P）		
2	理解度 A	1分	P.　　～P.　（　　P）		
3	理解度 A or A⁻	1分	P.　　～P.　（　　P）		
4	理解度 A⁻	1分	P.　　～P.　（　　P）		
5	理解度 B	1分	P.　　～P.　（　　P）		
6	理解度 B	1分	P.　　～P.　（　　P）		
7	理解度 B	1分	P.　　～P.　（　　P）		
8	理解度 C or D	1分	P.　　～P.　（　　P）		
9	理解度 B	1分	P.　　～P.　（　　P）		
10	理解度 B	1分	P.　　～P.　（　　P）		
11	理解度 A or A⁻	1分	P.　　～P.　（　　P）		
12	理解度 A or A⁻	1分	P.　　～P.　（　　P）		

理解度メジャー

A	自分なりに十分理解ができた
A⁻	理解できるが、少し速く読もうとしている
B	だいたいのあらすじはつかめた
C	ところどころわかるところがあった
D	ほとんど内容をつかめなかった

12回目の読字数とあなたの理解度を記録カードに転記しましょう

BTRメソッド速読トレーニング記録カード

※コピーしてお使いください。

トレーニング名(記入法)	日付・訓練回	1日目 月 日	2日目 月 日	3日目 月 日
目を鍛えるトレーニング	カウント呼吸法(数)			
	たてサッケイドシート(数)			
	よこサッケイドシート(数)			
	ヘルマンシート(カウント数)			
	数字ランダムシート	・	・	・
	かなブロックパターンシート(ブロック数)			
	数字ブロックパターンシート(ブロック数)			
	漢数字一行パターンシート(行数)	(○) (四)	(○) (四)	(○) (四)
	よこ一行ユニットブック(ブロック数)			
脳を磨くトレーニング	スピードチェック			
	スピードボード	／	／	／
	ロジカルテスト(正答数／解いた数)	／	／	／
	イメージ記憶	／40　／40	／40　／40	／40　／40
倍速読書トレーニング	倍速読書(書名)			
	理解度			
	読字数			

BTRメソッド速読トレーニング記録カード

※コピーしてお使いください。

	日付・訓練回 トレーニング名（記入法）	月　日 4日目	月　日 5日目	月　日 6日目	月　日 7日目
目を鍛えるトレーニング	カウント呼吸法（数）				
	たてサッケイドシート（数）				
	よこサッケイドシート（数）				
	ヘルマンシート（カウント数）				
	数字ランダムシート	・	・	・	・
	かなブロックパターンシート（ブロック数）				
	数字ブロックパターンシート（ブロック数）				
	漢数字一行パターンシート（行数）	（三） （一）	（三） （一）	（三） （一）	（三） （一）
	よこ一行ユニットブック（ブロック数）				
脳を磨くトレーニング	スピードチェック				
	スピードボード	／	／	／	／
	ロジカルテスト（正答数／解いた数）	／	／	／	／
	イメージ記憶	／40　／40	／40　／40	／40　／40	／40　／40
倍速読書トレーニング	倍速読書（書名）				
	理解度				
	読字数				

松田真澄（まつだ　ますみ）

クリエイト速読スクール代表。1953年山形県生まれ。「読む技術と書く技術を身につけよう！」をスローガンに、読み方・書き方の具体的な指導法を確立、実践している。とくにSEG（エスイージー：東京都新宿区西新宿）においての「速読による能力訓練」では、現役の中学・高校生から圧倒的な支持を得ている。著書に、『速読らくらくエクササイズ』『即効マスターらくらく速読ナビ』（ともに、日本実業出版社）、『知的速読の技術』（日本能率協会マネジメントセンター）などがある。

＜クリエイト速読スクール沿革＞
1984年　東京・池袋に全脳速読ゼミナールを創立。
1987年　BTRメソッドの知的財産権保護のため、特許庁に実用新案を出願し、校名をクリエイト速読スクールと改称。
1993年　『文章演習講座』を開講、同年、「3倍速保証制度」を確立。
2004年　生涯学習のユーキャンと共同制作したBTRメソッドの通信教育『速読講座』がスタート。
●1993年より、司法試験最終合格者17年連続計37名を輩出している。

＜クリエイト速読スクール連絡先＞
〒170-0013　東京都豊島区東池袋1-15-1菱山ビル4F
　　　　　　TEL (03)3971-6179
　　　　　　FAX (03)3982-1174
　　　　　　http://www.cre-sokudoku.co.jp

試験に受かる　1日15分　速読勉強法

2010年2月20日　初版発行
2010年7月1日　第3刷発行

編著者　松田真澄　©M.Matsuda 2010
発行者　杉本淳一

発行所　株式会社日本実業出版社　東京都文京区本郷3-2-12 〒113-0033
　　　　　　　　　　　　　　　　大阪市北区西天満6-8-1 〒530-0047
　　　　編集部　☎03-3814-5651
　　　　営業部　☎03-3814-5161　振替 00170-1-25349
　　　　　　　　　　　　　　　　http://www.njg.co.jp/

印刷・製本／図書印刷

この本の内容についてのお問合せは、書面かFAX(03-3818-2723)にてお願い致します。
落丁・乱丁本は、送料小社負担にて、お取り替え致します。
ISBN 978-4-534-04675-8　Printed in JAPAN

下記の価格は消費税（5%）を含む金額です。

日本実業出版社の本
BTRメソッドで速読をマスター！

好評既刊！

目と脳がフル回転
速読らくらくエクササイズ

松田 真澄　定価1470円（税込）

スポーツ感覚でサクッと身につく「楽読術」。独自の「BTRメソッド」は読書のための基礎的トレーニング法で、集中力・理解力・記憶力を高めながら速読をマスターできる。入試・資格試験の突破、語学力アップに役立つBTRメソッドを理論から公開した第一弾！

目と脳がフル回転！
即効マスター
らくらく速読ナビ

松田 真澄　定価1050円（税込）

『速読らくらくエクササイズ』に続く第二弾。速読の理論よりも教室で使っている実際のトレーニング問題を惜しみなく掲載し、未公開のトレーニングメニューや、ハイレベル問題も収録。入学・資格試験間近に集中的にトレーニングすると効果がより期待できる。

定価変更の場合はご了承ください。